# O milagre da manhã

# HAL ELROD

# O milagre da manhã

## O segredo para transformar sua vida (antes das 8 horas)

**Edição revista e ampliada**

*Tradução*
Patrícia Azeredo

1ª edição

Rio de Janeiro | 2024

**TÍTULO ORIGINAL**
*The Miracle Morning: The Not-So-Obvious Secret Guaranteed to Transform Your Life (Before 8AM) — Updated and Expanded Edition*

**TRADUÇÃO**
Patrícia Azeredo

**DIAGRAMAÇÃO**
Abreu's System

**CAPA**
Filipa Damião Pinto | Estúdio Foresti Design

CIP-BRASIL. CATALOGAÇÃO NA PUBLICAÇÃO
SINDICATO NACIONAL DOS EDITORES DE LIVROS, RJ

E43m

Elrod, Hal, 1979-
O milagre da manhã : o segredo para transformar sua vida (antes das 8 horas) / Hal Elrod ; tradução Patrícia Azeredo. – 1. ed. – Rio de Janeiro : BestSeller, 2024.

Tradução de: The miracle morning : the not-so-obvious secret guaranteed to transform your life (before 8am)
"Edição revista e ampliada"
"Prefácio de Robert Kiyosaki"
ISBN 978-65-5712-322-5

1. Sucesso - Aspectos psicológicos. 2. Habilidades de vida. 3. Autorrealização. I. Azeredo, Patrícia. I. Título.

23-86894

CDD: 158.1
CDU: 159.923.2

Meri Gleice Rodrigues de Souza – Bibliotecária – CRB-7/6439

Texto revisado segundo o novo Acordo Ortográfico da Língua Portuguesa.

The Miracle Morning: Updated & Expanded Edition © 2024 by Miracle Morning, LP and International Literary Properties LLC
Copyright da tradução © 2024 by Editora Best Seller Ltda.

Todos os direitos reservados. Proibida a reprodução, no todo ou em parte, sem autorização prévia por escrito da editora, sejam quais forem os meios empregados.

Direitos exclusivos de publicação em língua portuguesa para o Brasil adquiridos pela
EDITORA BEST SELLER LTDA.
Rua Argentina, 171, parte, São Cristóvão
Rio de Janeiro, RJ – 20921-380
que se reserva a propriedade literária desta tradução.

Impresso no Brasil

ISBN 978-65-5712-322-5

Seja um leitor preferencial Record.
Cadastre-se no site www.record.com.br
e receba informações sobre nossos lançamentos e nossas promoções.

Atendimento e venda direta ao leitor:
sac@record.com.br

Dedicado à Ursula, minha esposa para toda a vida, minha musa e a pessoa mais extraordinária que conheço.

A Sophia e Halsten, minhas maiores bênçãos na vida. Ser o pai de vocês é mais importante para mim do que qualquer outra coisa.

# Sumário

**PREFÁCIO DE ROBERT T. KIYOSAKI**   9

**QUAIS SÃO AS NOVIDADES?**   11

**MENSAGEM PARA VOCÊ**   16

**UM CONVITE ESPECIAL À COMUNIDADE** *THE MIRACLE MORNING*   23

**INTRODUÇÃO**   29

1. Está na hora de despertar para o seu potencial pleno   37

2. A origem do Milagre da Manhã: uma prática que veio do desespero   44

3. O choque de realidade dos 95%   61

4. Por que você saiu da cama esta manhã?   80

5. A estratégia de cinco passos à prova de soneca   89

6. Salvadores de Vida: seis hábitos que vão transformar sua vida   96

7. O Milagre da Manhã de seis minutos (para os dias em que você estiver sem tempo)   152

8. Customize seu Milagre da Manhã   156

9. De insuportável a imbatível: a estratégia simples de três fases para formar um hábito (em trinta dias)   166

10. A jornada de transformação de vida em trinta dias do Milagre da Manhã   180

11. O Milagre da Noite: estratégia para otimizar o sono   187

12. A Vida Milagrosa: o caminho para a liberdade interior   209

CONCLUSÃO   236

POSFÁCIO DE PAULO VIEIRA   239

AGRADECIMENTOS   242

REFERÊNCIAS   248

# Prefácio

Hal Elrod é um gênio, e seu livro *O milagre da manhã* tem sido mágico para mim.

Estou no movimento de potencial humano e desenvolvimento pessoal desde 1973, quando fiz meu primeiro treinamento EST (Seminário de Treinamento Erhard) e vi um novo mundo de possibilidades se abrir. Desde então, tenho estudado religiões, preces, meditação, yoga, afirmações, visualizações e PNL (programação neurolinguística). Também andei sobre o fogo e explorei outras filosofias "não convencionais", algumas estranhas demais para serem citadas.

O que Hal fez com os Salvadores de Vida foi recolher algumas das *melhores práticas* — desenvolvidas ao longo de séculos de consciência humana — e condensá-las em um ritual matinal diário. Um ritual que agora faz parte do meu dia.

Muitas pessoas fazem um dos Salvadores de Vida todos os dias. Por exemplo, muita gente faz o E e se exercita todas as manhãs. Outras fazem o S de silêncio ou meditação ou o S de escrever, anotando em um diário a cada manhã. Mas, até Hal formatar tudo nos Salvadores de Vida, ninguém estava fazendo essas seis melhores práticas todas as manhãs.

*O milagre da manhã* é perfeito para pessoas muito ocupadas e bem-sucedidas. Fazer os Salvadores de Vida a cada manhã é como bombear

# 10 O MILAGRE DA MANHÃ

combustível de foguete para o meu corpo, mente e espírito antes de começar o dia.

Como meu pai rico costumava dizer: "Eu sempre posso ganhar mais um dólar, mas não consigo ganhar mais um dia." Se você quiser maximizar todos os dias da sua vida, leia *O milagre da manhã*.

*Robert T. Kiyosaki*
Escritor best-seller do *New York Times* com o melhor
livro de finanças pessoais de todos os tempos, *Pai rico, pai pobre*.
Também é fundador da empresa Rich Dad Company.

# Quais são as novidades?

## Grandes atualizações desta edição ampliada

Quando tomei a decisão de criar um ritual matinal lá em 2008, durante a Grande Recessão, fiz isso porque estava desesperado. Eu tinha perdido mais da metade da minha renda e estava com dificuldades em quase todas as áreas da vida. Embora nunca tivesse sido nem achasse que podia virar uma "pessoa matutina", combinei seis práticas de desenvolvimento pessoal comprovadas e atemporais em uma tentativa de mudar minha vida. Nunca passou pela minha cabeça que elas algum dia pudessem virar um livro, que dirá ajudar milhões de pessoas a transformar a própria vida.

Esse é meu 15º ano consecutivo praticando o ritual matinal de seis etapas que ensino neste livro em média de seis a sete dias por semana — minha preferência é sete, mas a preferência da minha esposa é me fazer dormir bem depois do meu horário normal durante as nossas noites semanais de namoro. Eu também me beneficiei de mais de uma década interagindo e aprendendo com os integrantes da Comunidade *The Miracle Morning*. Sendo uma pessoa levemente obcecada por otimizar quase todos os aspectos da vida, aprendi *muito* desde que escrevi o livro original e incorporei essas lições a esta edição.

Também li e avaliei quase todas as mais de cinquenta mil resenhas online do livro em plataformas como Amazon, Audible e Goodreads para buscar temas em comum. Sempre quis saber com quais aspectos os leitores se

## 12    O MILAGRE DA MANHÃ

ıdentificam mais e com quais eles se identificam menos para poder abordar essas questões e fazer melhorias.

Como consequência da minha avaliação pessoal, além do feedback e dos pedidos dos leitores e praticantes do Milagre da Manhã, eu fiz revisões significativas em todos os capítulos e quase todas as páginas deste livro. Além disso, eu me concentrei em responder perguntas que as pessoas fizeram após ler a versão original e colocá-la em prática, como:

- E se eu nunca fui uma "pessoa matutina" e não acredito que possa ser?
- E se estou fazendo o Milagre da Manhã há muito tempo e está começando a ficar sem graça? Como recuperar a empolgação inicial?
- E se eu não tiver motivação e me sentir tão sobrecarregado que nem consigo pensar em acrescentar algo a minha rotina/vida?
- Como posso usar o Milagre da Manhã para conquistar objetivos específicos ou superar dificuldades que estou enfrentando?

Também incluí dois capítulos inéditos: capítulo 11, "O Milagre da Noite", e capítulo 12, "A Vida Milagrosa"

"O Milagre da Noite" vai fornecer um plano abrangente e passo a passo a fim de estabelecer um ritual noturno criado para você dormir sentindo gratidão, felicidade e paz, especialmente quando a vida estiver difícil e você estiver se sentindo estressado e sobrecarregado.

"A Vida Milagrosa" vai ensinar você a elevar sua consciência a um estado de Liberdade Interior para poder assumir o controle de seus sentimentos e vivências de modo proativo, independentemente das circunstâncias e particularmente quando a vida estiver difícil.

Não importa se você está conhecendo *O milagre da manhã* agora ou se já leu o livro original (ou mesmo se já o releu várias vezes), eu escrevi esta edição atualizada e expandida para atender as necessidades e exceder as expectativas dos leitores de todos os níveis. Espero que esta nova versão e as histórias e lições contidas nela permitam que você ame a vida que tem e crie o futuro mais extraordinário que possa imaginar. Você merece.

## A nova missão do Milagre da Manhã: elevar a consciência da humanidade, uma manhã de cada vez

Quando publiquei *O milagre da manhã* de forma independente no dia 12 de dezembro de 2012 (ou 12/12/12, uma data que até eu, uma pessoa com dano cerebral permanente, não consegui esquecer), eu o fiz com a convicção de que tinha a responsabilidade de compartilhar com o máximo de pessoas possível essa rotina matinal singular que mudou minha vida. Quantas seriam essas pessoas? Eu não fazia ideia. Mas, à medida que vi o impacto profundo e contínuo que o livro e, mais precisamente, a *rotina* do Milagre da Manhã estavam fazendo na vida das pessoas, a sensação de responsabilidade aumentou. Eu me comprometi com essa missão pessoal para o ano seguinte ao lançamento: "mudar um milhão de vidas, uma manhã de cada vez".

Embora *um milhão* fosse um número meio arbitrário, eu achei importante levar minha imaginação além do que considerava provável. Sendo um autor desconhecido de publicação independente, eu não fazia ideia de como alcançar um milhão de pessoas. Mas imaginei que o número me daria um objetivo significativo para tentar realizar naquele ano e possivelmente pelo resto da vida.

Então, em 12 de dezembro de 2012, comecei o processo de mudar um milhão de vidas nos 12 meses seguintes e fiz o possível para que isso acontecesse. Trabalhei de seis a sete dias por semana aplicando todas as estratégias nas quais consegui pensar para compartilhar o livro com o máximo de pessoas possível; procurei centenas de podcasts, fiz um pedido entusiasmado para participar deles e garanti mais de 150 entrevistas. Além disso, lancei o meu podcast, *Achieve Your Goals with Hal Elrod* [Conquiste seus Objetivos com Hal Elrod], e gravei 52 episódios semanais, fiz 36 palestras em várias cidades dos Estados Unidos, contratei um assessor de imprensa e apareci em 13 programas de TV matinais locais e nacionais, além de passar

## 14    O MILAGRE DA MANHÃ

incontáveis horas por dia interagindo com leitores nas redes sociais e no grupo da Comunidade *The Miracle Morning* no Facebook.

Eu realmente dei tudo de mim para conquistar o objetivo de mudar um milhão de vidas, uma manhã de cada vez. Contudo, no final do ano, eu tinha fracassado. Com pouco mais de 13 mil livros vendidos, eu estava a 987 mil cópias (98,7%) do meu objetivo. Fiz os cálculos e vi que, naquele ritmo, eu levaria 79,6 anos para cumprir minha missão — e estaria com 110 anos de idade. Fiquei totalmente desestimulado.

Ficar 98,7% longe do seu objetivo é desanimador, especialmente quando você fez tudo o que podia para conquistá-lo. Contudo, vi o impacto que os livros tiveram na vida desses 13 mil indivíduos. Li incontáveis e-mails, comentários e resenhas que expressaram resultados profundos, como *"O milagre da manhã salvou meu casamento"*, "Ele me ajudou a superar a depressão" e "Praticar o Milagre da Manhã diariamente permitiu que eu melhorasse a minha situação financeira". Então eu decidi que, apesar de não ter conquistado meu objetivo naquele ano, eu ainda tinha a responsabilidade de continuar compartilhando o Milagre da Manhã pelo máximo de tempo que pudesse a fim de cumprir minha missão.

Eu sou grato por não ter levado 79,6 anos para alcançar e impactar positivamente um milhão de vidas. Na verdade, demorou um pouco mais de seis anos de fé inabalável e esforço extraordinário para levar o livro a mais de um milhão de pessoas. Nesse período, o Milagre da Manhã virou um movimento literalmente mundial, conforme pessoas vivenciavam transformações pessoais profundas de modo consistente e dividiam suas experiências. Em consequência disso, o manuscrito foi traduzido e publicado em 37 idiomas e lido por mais de dois milhões de pessoas em mais de cem países.

A missão que começou comigo querendo mudar um milhão de vidas, uma manhã de cada vez, deixou de ser individual e evoluiu para algo muito mais significativo e imperativo para o futuro da humanidade. Ficou claro que, quando dedicamos tempo à prática diária do Milagre da Manhã, nós elevamos a consciência, ficando mais atentos e decididos em relação à forma

QUAIS SÃO AS NOVIDADES? **15**

pela qual os pensamentos, palavras e ações afetam nossa vida e a de cada pessoa com quem interagimos. À medida que elevamos nossa consciência, estamos coletivamente **elevando a consciência da humanidade, uma manhã de cada vez**. Assim, o impacto coletivo de milhões de praticantes do Milagre da Manhã está afetando significativamente a vida de dezenas de milhares e, em breve, de centenas de milhares de outras pessoas.

Agora, mais do que nunca, precisamos lembrar que todos nós integramos a família humana e temos infinitamente mais em comum do que as diferenças que tanta gente percebe e às quais se apega. Você faz parte da minha família, então eu amo e tenho apreço por você mais do que você sabe. Sou profundamente grato por estar nessa missão com você neste momento singular da história humana. A humanidade precisa de nós. Vamos fazer cada manhã valer a pena.

# Mensagem para você

## Como este livro vai transformar sua vida

Existe uma boa chance de nunca termos nos encontrado, e eu certamente não sei como sua vida está agora. Você pode estar vivenciando níveis extraordinários de sucesso e realização ou pode estar passando por um dos momentos mais difíceis da sua vida. Eu não faço ideia.

Ainda assim, acredito que temos pelo menos algumas coisas em comum. Provavelmente mais do que algumas, mas isso vai nos dar um ponto de partida. Em primeiro lugar, *queremos melhorar a nossa vida e a nós mesmos*. Não estou sugerindo que haja algo de errado conosco ou com a vida, mas como seres humanos, nós já nascemos com o desejo e a motivação de crescer e melhorar cada vez mais. Acredito que isso esteja em todos nós, mas a maioria acorda todo dia e a vida basicamente fica na mesma. A vida não muda porque nós não mudamos. Como você vai descobrir nas páginas a seguir, transformar sua vida fica mais fácil quando você se dedica a se transformar. À medida que você melhora a cada dia e a cada manhã, sua vida inevitavelmente vai melhorar.

Em segundo lugar, *enfrentamos adversidades ao longo da vida e podemos esperar ainda mais no futuro*. A vida pode ser difícil, injusta, dolorosa e chegar ao ponto de ser totalmente insuportável. Contudo, se pudermos manter a perspectiva de que toda adversidade é uma oportunidade para aprender, crescer e ficar melhor do que nunca, então, quanto maior for a adversidade, maior será o nosso destino.

Se você fizer uma lista de experiências passadas, pode perceber que, no final, geralmente tudo sai como deveria. Às vezes, sai até melhor do que imaginávamos. Pense nos desafios que, na época, pareceram insuperáveis ou intransponíveis Pense em algo, seja o fim de um relacionamento, a perda de um emprego, a morte de um ente querido ou qualquer outro fato que tenha causado um excesso de dor física, mental ou emocional. Você não superou cada uma delas? Não estou falando das que você ainda está vivendo (embora elas provavelmente também vão acabar bem, talvez até melhor do que você imagina). Estou falando de todas as experiências difíceis que já enfrentou na vida. Você superou cem por cento delas, o que é um ótimo indício de que vai conseguir superar todas as adversidades que vai enfrentar no futuro.

É por isso que, não importa o quanto alguns aspectos de nossas vidas possam parecer desesperadores, devemos lembrar que as circunstâncias estão sempre mudando e podemos lidar com qualquer desafio. Para isso, é preciso ter a disposição de se responsabilizar por todos os aspectos da vida a partir de agora e não abrir mão de seu poder culpando outra pessoa. Embora a culpa possa ser útil para determinar quem falhou em algo, é só quando estamos dispostos a aceitar a responsabilidade por *tudo* em nossa vida que canalizamos a capacidade de mudar ou criar *qualquer coisa* em nossa vida.

O ponto em que você está agora é temporário e, ao mesmo tempo, exatamente onde você deveria estar. Você chegou até onde está para aprender o necessário a fim de se transformar na pessoa que precisa ser para criar a vida que realmente deseja. Mesmo quando a vida é difícil ou parece não haver mais esperança, o presente é sempre uma oportunidade para aprender, crescer e se tornar melhor do que você jamais foi.

Você está escrevendo a história de sua vida, e não existe uma boa história sem um herói ou heroína superando vários desafios. Na verdade, quanto maior o desafio, melhor a história. Como não existem restrições e limites para onde sua história vai a partir daqui, sobre o que você quer que seu próximo capítulo seja?

18  O MILAGRE DA MANHÃ

A boa notícia é que você tem a capacidade de mudar — ou criar — tudo em sua vida a partir de agora. Não estou dizendo que não vai exigir esforço, mas é possível começar imediatamente o processo ao dedicar tempo todos os dias a fim de desenvolver as habilidades necessárias para isso. Este é o objetivo deste livro: fornecer uma prática diária capaz de garantir que você se transforme na pessoa que precisa ser para criar e vivenciar tudo o que sempre desejou para sua vida. Pode se empolgar, porque existem pouquíssimos limites para o que se tornará possível para você.

Se você estiver no meio da adversidade, seja pessoal, profissional, mental, emocional, física, financeira, em seus relacionamentos ou qualquer outra, quero que você saiba: *O milagre da manhã* permitiu que pessoas de todo tipo superassem desafios aparentemente insuperáveis, fizessem grandes avanços e transformassem suas circunstâncias, muitas vezes em um curto período de tempo.

Um exemplo profundo disso é Keith Minick, ex-diretor de operações na Turner Broadcasting System. Depois da morte do filho, ele disse que sofreu com depressão por mais de um ano e o primeiro Milagre da Manhã mudou tudo. Vou deixar Keith contar tudo com as próprias palavras:

> Em maio de 2012, meu filho Everett faleceu após viver três horas breves, mas tremendamente impactantes. Foi a situação mais difícil que já vivi. Com a morte dele e a insatisfação no trabalho, me vi em um estado de depressão. Parecia que eu não fazia qualquer progresso na vida e estava me sentindo arrasado. Não foi por falta de tentativas: li muitos dos livros de autoajuda mais populares do mercado, mas nada deu certo até encontrar *O milagre da manhã.*
>
> Eu ouvi Hal Elrod em um podcast e fiquei imediatamente intrigado. Comprei o livro e li em apenas um dia. O dia seguinte mudaria minha vida para sempre. Eu coloquei o alarme, levantei, comecei a fazer os Salvadores de Vida e senti mudanças instantâneas na minha fisiologia e saúde mental. Eu me apropriei do estado em que estava e defini um caminho e um processo para conquistar a vida que desejava, reafirmando-a diariamente no quadro

de visualização e nas afirmações. Desde aquela primeira manhã, deixei meu cargo na Turner, abri duas empresas, vendi uma e estou vivendo a melhor vida que já tive.

Estou praticando o *Milagre da manhã* há quase uma década. Os Salvadores de Vida continuam a ser uma das partes mais importantes da minha vida. Um fator crucial para o sucesso foi implementar, manter e evoluir minha rotina. Eu recomendo a todos que estão buscando avanços, lutando com a depressão ou tentando desempacar na vida que leiam e coloquem em prática os Salvadores de Vida.

A história de Keith é um exemplo real de como a vida pode mudar de repente e como você pode continuar evoluindo para ser a melhor versão de si próprio, mesmo dez anos depois de começar o processo.

Por outro lado, se você já estiver experimentando níveis significativos de sucesso, *O milagre da manhã* comprovadamente ajudou pessoas ambiciosas a chegar ao famoso *próximo nível* e levar os resultados pessoais e profissionais para além do que já conquistaram. Embora o *seu* próximo nível possa incluir aumento na renda, progresso na carreira ou expansão da sua empresa, o progresso muitas vezes é uma questão de descobrir novas formas de vivenciar níveis profundos de realização e equilíbrio nas áreas mais importantes da sua vida que você pode ter deixado de lado. Isso pode significar fazer melhoras significativas na saúde física ou mental, felicidade, relacionamentos, espiritualidade ou qualquer outra prioridade.

Quer você deseje grandes avanços apenas em algumas áreas importantes ou esteja pronto para uma guinada completa, capaz de transformar radicalmente a sua vida de modo que, em breve, as circunstâncias atuais sejam uma mera lembrança, você escolheu o livro certo. Você está prestes a embarcar em uma jornada milagrosa usando um processo revolucionário composto por seis hábitos diários que comprovadamente vão melhorar qualquer área de sua vida (ou sua vida como um todo).

Eu sei que essas são promessas grandiosas, mas posso dizer isso com confiança porque já li milhares de cartas e resenhas dos leitores. Eles disse-

## 20 O MILAGRE DA MANHÃ

ram que ler este livro e colocar em prática o que aprenderam transformou a vida deles profunda e muitas vezes rapidamente. Funcionou para todo tipo de gente, de todas as idades, etnias, gêneros, nacionalidades, circunstâncias e até de diferentes classes socioeconômicas. Ele definitivamente pode ser o que vai lhe permitir mudar e ter a vida que sempre quis.

Eu recomendo que leia trechos de algumas das cartas que recebi para ajudar a pensar no que é possível para você. Estas são histórias reais de pessoas exatamente como você e eu, que leram este livro e usaram a rotina do *Milagre da Manhã* para mudar de vida.

Encontrar *O milagre da manhã* foi uma das melhores coisas que me aconteceram na vida. Sou praticante dedicada há quase 12 meses. Antes de ler o livro, eu estava fora de forma e perdendo força física rapidamente, além de infeliz, indisciplinada e infiel aos meus valores. Boa parte da minha vida parecia simplesmente errada, e eu chorava quase todos os dias. Até que encontrei *O milagre da manhã* e a jornada positiva começou. Que bênção! Doze meses depois, me sinto em forma, estou forte, tenho um propósito, foco, estou presente na vida e muito mais feliz. Como mãe de três filhas adolescentes e proprietária de duas pequenas empresas (administradas por mim e meu marido), sou muito atarefada. O Milagre da Manhã me mantém concentrada e no caminho certo. Uma das melhores partes do Milagre da Manhã é a comunidade. Sinto que finalmente encontrei minha tribo: pessoas que amam o aprendizado constante e o autoaperfeiçoamento. Eu sou muito grata a você, Hal.

— *Katrina Kelly (um ano praticando o Milagre da Manhã)*

Eu e minha esposa, Yatra, começamos a praticar o Milagre da Manhã em dezembro de 2016. Nós tínhamos feito a transição mais difícil da nossa vida e estávamos em um momento bem ruim. Havíamos fechado nosso restaurante; Yatra fora demitida durante a licença-maternidade e, pela primeira vez, nós dois estávamos desempregados e afundados em dívidas. Começamos a fazer os Salvadores de Vida e vimos resultados em poucas semanas. Conseguimos uma mentalidade mais positiva e novas oportunidades começaram a surgir, em termos tanto pessoais quanto profissionais. *O milagre da manhã* literalmente mudou nossa vida e nos tirou da má fase e da tristeza. Sou eternamente grato ao Hal por isso! Sou pai de três meninos, tenho uma esposa linda há 14 anos e agora gerencio uma empresa bem-sucedida que não para de crescer!

— *Christopher Moscarino (cinco anos praticando o Milagre da Manhã)*

Sou corretora de imóveis, casada e mãe de três filhos. Minha maior dificuldade era conseguir tempo para mim. Faltava equilíbrio e autocuidado na minha vida. Eu conseguia arrumar tempo para tudo, menos para minha saúde mental. O Milagre da Manhã transformou tanto a minha vida quanto a minha empresa nos primeiros seis meses, literalmente dobrando minha fonte de renda. Essa rotina matinal mudou a mim e minha perspectiva diária, porque reservei um tempo para começar o dia com um propósito. Pela primeira vez desde a adolescência, eu era o centro da minha manhã em vez dos meus filhos ou do trabalho. Essa mudança de percepção mudou tudo para mim. Eu dei o livro de presente para mais de 15 pessoas. Sempre que alguém pergunta: 'Como você consegue? Qual é o seu segredo?' O Milagre da Manhã é o meu segredo. É a base da minha rotina diária. Sinto que finalmente entendi o recado e descobri a chave para viver uma vida equilibrada. Obrigada, Hal.

— *Maria Rita Velez (dois anos praticando o Milagre da Manhã)*

Faço o Milagre da Manhã há pouco mais de quatro anos. Tive muitas conquistas profissionais nesse período, mas a mais importante para mim é recente e bem pessoal. Duas pessoas bem próximas a mim estavam sofrendo com ansiedade e depressão, uma delas com pensamentos suicidas. Isso me lançou em uma espiral de culpa e também de depressão. Graças à Comunidade *The Miracle Morning*, à prática e à confiança na minha rotina matinal, consegui recuperar a saúde mental em pouco tempo e estar presente para ajudar as pessoas que amo a enfrentar esse momento difícil. Sei que,

## 22  O MILAGRE DA MANHÃ

desde que eu mantenha a consistência e o engajamento com os Salvadores de Vida, eu consigo manter a força para ajudar a quem amo nos momentos difíceis. Hal Elrod, muito obrigado pelo Milagre da Manhã. Está fazendo a diferença de que o mundo precisa.

— *Rob Stein (quatro anos praticando o Milagre da Manhã)*

*O milagre da manhã* me deu um propósito para começar o dia. E também me deu as ferramentas para me colocar em primeiro lugar, antes do meu filho e marido saírem da cama. Como empreendedora, o hábito simples e poderoso do Milagre da Manhã aumentou minha produtividade, lucratividade e também me deu a força para parar de fumar após mais de 25 anos. No geral, minha vida está melhor e estou mais equilibrada graças a ele.

— *Jennifer Cooper (três anos praticando o Milagre da Manhã)*

As experiências desses leitores não são únicas e passaram a ser normais para quem pratica o Milagre da Manhã. Elas provam o que é possível quando você se compromete a ler este livro até o fim e colocar em prática as etapas definidas aqui.

Eu convido você a fazer uma pausa por um instante e respirar fundo, pois estamos prestes a embarcar em uma jornada que vai convidar você a mobilizar seu desejo e motivação humanas de criar a vida mais realizadora que você pode imaginar. Estou falando de uma vida em que você está verdadeiramente em paz, genuinamente feliz e criando ativamente o impacto que deseja fazer no mundo. Essa vida está sempre disponível para você, basta despertar para o seu verdadeiro potencial e agir para conquistá-lo. Este livro o ensina a fazer isso.

# Um convite especial à Comunidade *The Miracle Morning*

Se você gostaria de conhecer e receber apoio de outros praticantes do Milagre da Manhã enquanto lê este livro, seja para tirar dúvidas ou apenas observar e aprender com as diferentes abordagens utilizadas para a prática, convido você a entrar para a **Comunidade *The Miracle Morning***.

O que começou como um grupo de Facebook comigo, meus pais e cinco amigos, cresceu e virou uma comunidade online com mais de 350 mil integrantes de mais de cem países. É sempre gratuita e, embora você vá encontrar muitas pessoas que estão apenas começando a própria jornada do Milagre da Manhã, também vai encontrar quem já está praticando há anos e gosta de dar conselhos, apoio e orientação para ajudar você a acelerar o caminho para o sucesso.

Como autor de *O milagre da manhã*, eu queria criar um espaço onde pudéssemos nos reunir para nos conhecer, fazer perguntas, trocar melhores práticas, nos apoiar, falar sobre o livro, publicar vídeos, encontrar um parceiro de responsabilização e até trocar receitas de vitaminas e rotinas de exercícios. Eu nunca imaginei que a Comunidade *The Miracle Morning* fosse se tornar um dos espaços virtuais mais positivos, inspiradores, apoiadores e responsáveis que já vi, mas foi o que aconteceu!

Você pode conhecer outros praticantes do Milagre da Manhã agora mesmo. Basta visitar MiracleMorningCommunity.com e pedir para entrar [em

## 24 O MILAGRE DA MANHÃ

inglês]. Eu acesso regularmente (quase todos os dias), publicando conteúdos e respondendo aos comentários, então estou ansioso para ver você por lá!

## Material da Comunidade
## *The Miracle Morning:* aplicativo e filme

Existem dois materiais extras (ambos gratuitos) que podem ajudar você no início de sua jornada praticando o Milagre da Manhã: o aplicativo Miracle Morning Routine e o filme *The Miracle Morning Movie*.

O material mais pedido pelos integrantes da Comunidade *The Miracle Morning* é um aplicativo móvel para anotar seus Milagres da Manhã e ajudar você a ganhar consistência e se responsabilizar. Entre os recursos adicionais estão um diário com ideias para escrita, um criador de afirmações, cronômetros personalizáveis e áudios opcionais para guiar você pelos Salvadores de Vida (silêncio, afirmações, visualização, exercícios, leitura e escrita) para que você possa concluir o Milagre da Manhã apenas clicando em "play" e acompanhando o aplicativo, disponível para iPhone e Android em **MiracleMorning.com/app**.

Filmado ao longo de seis anos, *The Miracle Morning Movie* é um documentário inspirador, que vai além do livro e mostra como as pessoas estão mudando de vida, uma manhã de cada vez. Ele também leva você ao lar de escritores renomados, médicos, cientistas, empreendedores e atletas profissionais para revelar como esses indivíduos altamente produtivos começam o dia. Além disso, mostra um dos momentos mais difíceis da minha vida. Com dois anos de filmagem, eu fui diagnosticado com um tipo raro de câncer e recebi a notícia de que tinha apenas 30% de chance de sobreviver. Nosso diretor manteve as câmeras rodando para capturar meu estado de espírito e a abordagem holística que usei para derrotar o câncer, esperando que o filme pudesse inspirar outras pessoas na luta contra essa ou outra doença. Assista ao trailer estendido e tenha acesso ao filme completo [em inglês] em **MiracleMorning.com/movie**.

Até agora, o aplicativo ganhou 4,7 de cinco estrelas, e o filme tem uma avaliação de 4,9 de cinco estrelas, então espero que esse material gratuito seja útil para você como foi para outras pessoas!

**Bem-vindo à Comunidade *The Miracle Morning*!**

*Existem apenas duas maneiras de viver a vida. Uma é como se nada fosse um milagre. A outra é como se tudo fosse um milagre.*

— ALBERT EINSTEIN

*Milagres não são contrários à natureza, mas sim ao que sabemos sobre a natureza.*

— SANTO AGOSTINHO

*Toda manhã nós renascemos. O que fazemos hoje é o que mais importa.*

— BUDA

*Introdução*

# Como transformar adversidades em oportunidades

No dia 3 de dezembro de 1999, a vida estava boa. Na verdade, estava *ótima*. Com vinte anos, eu tinha acabado de terminar meu primeiro ano de faculdade e passado os últimos 18 meses em uma carreira improvável, sendo um dos principais representantes de vendas para uma empresa internacional de cutelaria, a Cutco. Graças ao apoio de um mentor e da minha família, eu tinha batido vários recordes de vendas na empresa e estava ganhando mais dinheiro do que imaginei ser possível naquela idade.

Eu também estava em um relacionamento amoroso com uma garota que eu adorava, tinha uma família que me apoiava e os melhores amigos que um homem poderia pedir. Eu me sentia verdadeiramente abençoado. Dá para dizer que eu estava no auge, e talvez por isso eu nunca teria sido capaz de prever que naquela noite meu mundo acabaria.

## 23h32, dirigindo a 112 km/h na autoestrada 99

Talvez seja melhor assim, mas eu não me lembro de ver os faróis avançando pela rodovia bem na direção do meu carro. O que vivi naqueles momentos que levaram ao acidente ainda é um mistério para mim. Na verdade, não

## 30  O MILAGRE DA MANHÃ

sei onde terminam as histórias contadas por meus amigos e familiares e onde começam as minhas lembranças. É tudo meio nebuloso. Eu só sei os detalhes a seguir porque li os relatórios da polícia, conversei com testemunhas e consultei meus registros médicos.

Era o dia 3 de dezembro, uma noite fria de inverno no norte da Califórnia. Eu estava voltando para casa de carro após dar uma palestra na conferência da divisão Nor Cal da Cutco. Eu tinha sido aplaudido de pé pela primeira vez, então estava nas nuvens!

Eu estava em um Ford Mustang quando de repente uma caminhonete Chevy Silverado dirigida por um motorista bêbado veio com tudo, atravessou a via expressa e bateu de frente com meu carro a aproximadamente 130 quilômetros por hora. As estruturas de metal dos dois veículos se chocaram — guinchando enquanto se retorciam e quebravam. Dentro da cabine, os airbags do Mustang inflaram com força suficiente para me deixar desmaiado e com uma concussão. Meu cérebro, ainda viajando a 110 quilômetros por hora, bateu na frente do crânio, destruindo boa parte do tecido vital que compunha meu lobo frontal. Mas o pior ainda estava por vir.

O impacto da colisão frontal fez meu carro girar descontroladamente na direção do tráfego. Um segundo veículo, um sedã Saturn que viajava a cerca de 100 quilômetros por hora, bateu no lado do motorista do meu carro. A porta do Mustang naquele lado foi destruída e esmagou o lado esquerdo do meu corpo, quebrando 11 ossos. Meu fêmur — o maior osso do corpo humano — quebrou ao meio com tanta força que uma parte dele rasgou a pele da coxa e fez um buraco na calça social preta que eu vestia para a palestra. O úmero, escondido por baixo do meu bíceps esquerdo, sofreu um destino semelhante, partindo-se em duas metades, uma delas perfurando minha carne e minha pele. Meu cotovelo esquerdo foi despedaçado. O nervo radial, em meu antebraço, foi rompido, cortando a comunicação entre o cérebro e a mão esquerda. Minha orelha esquerda quase foi decepada, ficando presa à cabeça por menos de três centímetros de pele. Minha cavidade ocular esquerda foi espatifada, deixando meu globo ocular sem sustentação. A estrutura metálica do teto cedeu em cima da minha cabeça, fazendo um V no alto do crânio. Por fim, a minha pélvis recebeu a impossível tarefa de manter a porta do carro longe do console central e fracassou, fraturando-se em três partes.

Tudo isso aconteceu em questão de segundos. Enquanto o Mustang capotava até parar, a lua cheia brilhava no céu, iluminando aquela cena terrível. Eu sangrava do topo da cabeça até os buracos no braço e na perna. E estava preso. O metal retorcido da porta do Mustang pressionava firmemente o lado esquerdo do meu corpo. Incapaz de aguentar a dor insuportável e em um processo automático de autopreservação, meu corpo se desligou e entrei em coma.

Meu melhor amigo Jeremy, que tinha saído do congresso poucos minutos depois de mim, viu aquela cena grotesca. Ele parou o carro no acostamento e correu para ver como eu estava. O que Jeremy descreveu parece saído de um filme de terror. Quando se aproximou da lateral do carro, ele me viu desmaiado, com o rosto desfigurado e coberto de sangue. Ele me chamou várias vezes, mas eu não respondi. Ele checou meus batimentos cardíacos, disse para eu aguentar firme e ligou para a emergência.

## Só se vive... duas vezes?

O que aconteceu na sequência foi incrível e alguns chamaram de *milagre*. Os bombeiros e paramédicos chegaram ao local e trabalharam com determinação para me tirar do carro enquanto tentavam me estabilizar. O tempo era importantíssimo, pois eu estava perdendo sangue. Após cinquenta minutos tentando me retirar do veículo, eles finalmente conseguiram arrancar o teto usando a ferramenta hidráulica apelidada de *Jaws of Life*. Eu estava sangrando, meu coração havia parado de bater e eu não respirava.

Clinicamente, eu estava morto.

Os paramédicos correram com meu corpo sem vida para um helicóptero de evacuação médica que tinha chegado para me transportar ao hospital

32    O MILAGRE DA MANHÃ

mais próximo. Eles me deram soro, fizeram ressuscitação cardiorrespiratória e usaram um desfibrilador para direcionar descargas elétricas ao meu coração. Após seis minutos sem batimentos, eles me ressuscitaram. A batalha para sobreviver estava apenas começando.

Passei os seis dias seguintes em coma, em condições críticas. Naquele período eu tive mais duas paradas cardiorrespiratórias. Meus pais, coitados, nunca saíram do meu lado, sentindo-se impotentes e temendo pelo pior enquanto me viam lutar pela vida. Eles já tinham perdido um filho. Quando eu tinha oito anos de idade, minha irmãzinha Amery morreu de insuficiência cardíaca com apenas 18 meses de vida. Após perder a caçula, meus pais agora viviam a possibilidade de perder o primogênito.

Eu passei por várias cirurgias para reparar os ossos quebrados com hastes de titânio, implantei parafusos no cotovelo e substituí os ossos esfacelados da cavidade ocular por placas de titânio. Quando finalmente saí do coma e soube o que tinha acontecido, me deparei com uma realidade inimaginável. Tentar processar tudo aquilo foi surreal, para dizer o mínimo. Mas a notícia mais difícil de ouvir foi o prognóstico dos médicos de que eu provavelmente nunca mais voltaria a andar. Na opinião deles, eu passaria o resto da vida em uma cadeira de rodas.

Aceitar essas novas circunstâncias era totalmente incompreensível para mim. No entanto, tudo o que tinha acontecido até aquele momento estava fora do meu controle e só me restou a escolha inevitável. É a única escolha que qualquer pessoa tem diante da adversidade: *como vou reagir a isso?*

## Nossa perspectiva dita a realidade

Lidar com minha nova realidade não foi fácil. Ouvir que talvez nunca mais voltasse a andar e imaginar como seria minha vida dali em diante foi certamente difícil de processar. As consequências do meu dano cerebral (constantemente esquecer onde estava, o que tinha acontecido nos últimos cinco minutos ou o que foi dito no momento anterior) eram igualmente de-

COMO TRANSFORMAR ADVERSIDADES EM OPORTUNIDADES    33

sanimadoras. Eu também não conseguia usar a mão direita, e os médicos não sabiam se ela voltaria ao normal. E ainda havia a cavidade ocular esquerda fraturada, que foi reparada e estava com curativo, mas os médicos diziam que ao remover as ataduras eu talvez estivesse cego do olho esquerdo para sempre.

À noite, depois que todos os visitantes iam embora, era o momento mais difícil. Eu ficava acordado, ouvindo os bipes do equipamento médico que monitorava meus sinais vitais, com medo e assustado com tudo. Será que vou passar o resto da vida em uma cadeira de rodas? Será que outras pessoas vão ter que cuidar de mim? Será que algum dia vou poder morar sozinho de novo? Será que ainda vou ser capaz de perseguir meus objetivos? Por que isso aconteceu comigo? Não fiz nada para merecer essa situação. Isso não é justo!

Em pouco tempo percebi que essa mentalidade de vítima não ia me ajudar em nada e que de nada adiantava sentir pena de mim mesmo. A única escolha racional que eu tinha, e que todos nós temos, era aceitar a realidade, ficar em paz com o que eu não pudesse mudar, ser grato pelo que eu tinha e assumir a responsabilidade por criar ativamente a vida que eu desejava, apesar das circunstâncias do momento. Eu concluí que, se os médicos estivessem certos e eu fosse passar o resto da vida em uma cadeira de rodas, havia duas opções: ou eu me permitiria ser infeliz ou poderia escolher ser feliz. De qualquer modo, eu estaria em uma cadeira de rodas. Então decidi que seria a pessoa mais feliz e grata que o mundo já viu em uma cadeira de rodas.

Também decidi que eu não precisava sucumbir passivamente ao prognóstico de que eu nunca mais voltaria a andar. E se os médicos estiverem errados? Embora eu tivesse escolhido ficar em paz com o pior cenário possível para que ele não tivesse força sobre o meu estado mental e emocional, ao mesmo tempo concentrei toda a minha energia em criar os resultados que desejava. Eu me visualizava andando, imaginava meu corpo se curando, rezava pedindo força e um milagre, e trabalhava para isso. Todos os dias eu ia para a fisioterapia na cadeira de rodas e anunciava entusiasmado, para meus fisioterapeutas, que iria andar de novo!

## 34 O MILAGRE DA MANHÃ

Após três semanas desafiadoras e dolorosas de recuperação e fisioterapia enquanto estava internado no hospital, um dos meus médicos entrou no quarto com os exames de raios X de rotina que tinha pedido no dia anterior. Com tom e expressão de surpresa, ele explicou que meu corpo estava se curando em uma velocidade surpreendente. Segundo ele, eu estava pronto para dar meu primeiro passo. Fiquei atônito! Mesmo sendo otimista, eu supus que levaria pelo menos de seis meses a um ano para voltar a andar. Apesar disso, naquela tarde eu dei meu primeiro passo. Na verdade, foram três.

Reaprendi a andar em sete semanas, passando da cadeira de rodas para uma bengala, e recuperei a visão do olho esquerdo. Ainda não conseguia usar a mão direita, e os médicos avaliaram que eu não era mentalmente capaz de cuidar de mim mesmo, então recebi alta para ficar aos cuidados dos meus pais. Embora voltar a morar com eles depois de viver sozinho há alguns anos não tenha sido minha primeira escolha, dadas as circunstâncias eu estava mais do que grato por eles poderem e estarem dispostos a cuidar de mim. Mamãe amou o fato de eu estar voltando para casa!

Morando com meus pais e incapaz de trabalhar, eu tinha muito tempo para pensar, então ponderava como poderia usar meu acidente de carro para ajudar outras pessoas. Quando minha irmã caçula Amery morreu de insuficiência cardíaca aos 18 meses de vida, meus pais usaram a dor para um propósito e transformaram a tragédia da nossa família na criação e liderança de grupos de apoio para outros pais que perderam filhos. Além disso, eles fizeram arrecadações para o hospital que tentou salvar a vida de Amery. O exemplo deles me inspirou a fazer algo parecido.

Um dia meu pai estava me levando de carro para a fisioterapia quando eu disse a ele que tudo acontece por um motivo, mas é nossa responsabilidade escolher o motivo. Eu disse: "Pai, você lembra que, antes do acidente, eu comentei com você que amo falar em eventos da Cutco e quero ser palestrante profissional?" Ele aquiesceu, pois sabia que eu estava ouvindo palestrantes profissionais como Jim Rohn e Tony Robbins e queria ajudar as pessoas como eles faziam. "Bom, antes do acidente, nunca pensei em um tema sobre o qual valesse a pena palestrar. Afinal, você e a mamãe foram ótimos pais e tive uma vida bem normal até esse momento. Mas talvez seja esse o motivo pelo qual isso me aconteceu, para que eu possa superar minha adversidade e ensinar as pessoas a fazer o mesmo."

Coincidência ou não, a primeira oportunidade apareceu poucos meses depois, quando fui convidado para contar minha história aos alunos e professores da escola que frequentei, Yosemite High School, onde tinha me formado havia dois anos. Os alunos ficaram inspirados, e eu entendi por que meus pais escolheram transformar a adversidade em oportunidade para ajudar os outros. Agora era minha vez de fazer o mesmo.

O objetivo ao contar minha história é dar a você um exemplo real do que pode ser superado e conquistado e como é possível transformar as adversidades em oportunidades, não importa como sua vida está agora. Pense o seguinte: tudo o que outro ser humano fez prova o que é possível para você. Você é tão digno, merecedor e capaz de criar tudo o que deseja para sua vida quanto qualquer outra pessoa na Terra. Eu recomendo que você leia a frase de novo (é sério) e pense que ela é tão verdadeira para você quanto para qualquer outra pessoa. E isso é válido, não importa o que as circunstâncias atuais ou passadas possam levar você a acreditar, porque o seu potencial é ilimitado. Este livro vai dar a você uma ferramenta crucial para acessar mais esse potencial a cada dia.

## Pegue uma caneta

Antes de ler mais, pegue uma caneta ou lápis para escrever neste livro. Durante a leitura, marque tudo que se destaque e que você gostaria de reler depois. Sublinhe, circule, use marca-texto, dobre as páginas e faça anotações nas margens para poder reler e relembrar rapidamente as lições, ideias e estratégias mais importantes. Prepare-se para que este livro seja um material a ser consultado várias vezes.

Você está pronto?

Muito bem, agora que está com a caneta na mão, vamos lá! A próxima fase da sua vida está prestes a começar.

*Capítulo 1*

# Está na hora de despertar para o seu potencial pleno

*"A vida é curta demais" é uma frase tão repetida que virou clichê, mas desta vez é verdade. Você não tem tempo suficiente para ser infeliz e medíocre. Não é apenas inútil, é doloroso. Existe alguma diferença entre mediano e medíocre? Não muita.*

**— SETH GODIN**

*Seu passado não dita o seu potencial. A qualquer momento você pode decidir liberar seu futuro.*

**— MARILYN FERGUSON**

Por que, quando um bebê nasce, nós chamamos de "milagre da vida" e consideramos seu potencial ilimitado, mas depois passamos a aceitar a mediocridade em nossa própria vida? Em que momento perdemos de vista o milagre que *nós* estamos vivendo?

Quando você nasceu, todos tinham certeza de que você poderia fazer, ter e ser qualquer coisa que desejasse quando crescesse. Pois bem, agora que você cresceu, você está fazendo, tendo e sendo tudo o que sempre desejou?

Ou, em algum momento, você redefiniu "qualquer coisa" e "tudo", para se contentar com menos do que você realmente deseja e é capaz de fazer?

Uma vez eu li uma estatística assustadora: o cidadão norte-americano médio está mais de dez quilos acima do peso, tem mais de dez mil dólares em dívidas, é solitário, desmotivado no trabalho e tem menos de um amigo próximo. Foi impossível não questionar por que essa virou a realidade de tantas pessoas. E mais importante: o que nós podemos fazer para conseguir desafiar totalmente essa estatística?

Em 2020, a vida de todos nós virou de cabeça para baixo devido à pandemia de covid-19. Para muitas pessoas, os desafios de saúde mental ficaram mais difíceis do que nunca. Outras perderam a fonte de renda e a capacidade de sustentar a si mesmos e suas famílias. Nos anos seguintes, a incerteza coletiva sobre o futuro parecia estar nas alturas. O problema é que, quando nos concentramos no que está fora do nosso controle, nós nos sentimos descontrolados, o que pode nos deixar estressados, temerosos, ansiosos e até deprimidos. No fim das contas, só podemos controlar a nós mesmos — o que fazemos, em quem nos transformamos e como escolhemos estar presentes para as outras pessoas. Eu argumentaria que devemos nos concentrar em virar a melhor versão de nós e criar a vida que desejamos a cada dia.

E você? Está dedicando tempo para atingir seu potencial ilimitado e criar o nível de sucesso que realmente deseja e merece, em *todas* as áreas da sua vida? Ou existem aspectos da sua vida em que você está se contentando com menos do que realmente deseja porque está sobrecarregado com as responsabilidades do dia a dia, com medo de agir de modo diferente, precisando de segurança econômica ou inseguro quanto à forma ideal de fazer mudanças significativas e duradouras? Você se conformou em fazer menos do que é capaz e continua dizendo a si mesmo que está tudo bem assim? Ou está pronto para parar de se contentar com pouco e criar uma vida tão realizadora que você mal vai poder esperar para acordar todos os dias e vivê-la?

## Criando sua vida nível 10

Um dos meus sentimentos favoritos compartilhados pela Oprah foi: "A maior aventura que você pode ter é viver a vida dos seus sonhos." Eu concordo em gênero e número. Infelizmente, tão poucas pessoas chegaram perto de viver a vida dos sonhos que a frase em si virou clichê. A maioria se contenta com uma vida de mediocridade, aceitando passivamente o que ela lhes oferece. Até pessoas ambiciosas e altamente bem-sucedidas em uma área, como os negócios, tendem a se contentar com a mediocridade em outra área, como a saúde ou os relacionamentos.

Ao mesmo tempo, seres humanos nascem com a motivação e o desejo de ter uma vida tão boa quanto possível. Nós desejamos ser o mais felizes, saudáveis, ricos e bem-sucedidos que pudermos e vivenciar o máximo de amor, liberdade e realização possível. Se pudéssemos medir o sucesso e a realização em uma escala de um a dez, acho que é justo dizer que todos adoraríamos viver todas as áreas da vida em nível 10. O problema é que poucas pessoas estão dedicando tempo diário a se transformar na pessoa nível 10 que precisam ser para conseguirem criar e manter essa vida. Acredito que o compromisso com o desenvolvimento pessoal diário pode ser a maior oportunidade que temos como indivíduos e como sociedade.

Você está prestes a descobrir que conquistar esse tipo de sucesso nível 10 não só é possível, como é simples: é o resultado de estabelecer um ritual diário que dá a você um tempo próprio para evoluir e chegar à versão nível 10 de si mesmo.

E se eu dissesse que o caminho para uma vida de sucesso começa com a forma como você acorda todas as manhãs? E que existem pequenos e simples passos que você pode dar hoje mesmo para se transformar na pessoa que precisa ser para conquistar e manter o nível de sucesso que verdadeiramente deseja e merece em *todas* as áreas da vida? Você se empolgaria? Você acreditaria em mim? Alguns não. Muita gente é cínica, e com razão. Eles tentaram de tudo para melhorar a vida e os relacionamentos e ainda não estão onde gostariam. Eu entendo. Também

# O MILAGRE DA MANHÃ

passei por isso. Até que, ao longo do tempo, aprendi algumas coisas que mudaram tudo. Estou oferecendo a minha mão e o convidando para o outro lado, o lado onde a vida não é apenas boa, é extraordinária de uma forma que só imaginamos que poderia ser.

## Este livro se baseia em três verdades fundamentais

1. Você é tão digno, merecedor e capaz de criar e manter saúde, riqueza, felicidade, amor e sucesso extraordinários na sua vida quanto qualquer outra pessoa na Terra. É imperativo — não só para a sua qualidade de vida, como também para o impacto que você causa em sua família, amigos, clientes, colegas de trabalho, filhos, comunidade e qualquer pessoa cuja vida você toque — que você comece a viver de acordo com essa verdade.

2. Para não se contentar com menos do que você merece em qualquer área da vida e vivenciar o nível de sucesso pessoal, profissional e financeiro que deseja, primeiro você precisa dedicar tempo diariamente a se transformar na pessoa que você precisa ser e que é capaz de criar esse nível de sucesso de modo consistente.

3. Como você aborda o ato de acordar e a sua rotina matinal (ou a falta dela) é crucial porque define o tom, o contexto e o rumo do resto do seu dia. Manhãs focadas, produtivas e bem-sucedidas preparam você para um dia focado, produtivo e bem-sucedido, que acaba levando a uma vida extraordinária. O oposto também é verdadeiro: manhãs sem foco, improdutivas e medíocres abrem caminho para dias sem foco, improdutivos e medíocres, culminando em potencial não atingido e uma vida de sofrimento constante.

## Mas, Hal, eu não sou uma "pessoa matinal"

E se você já tentou acordar cedo e não deu certo? "Não sou uma pessoa matutina", diz você. Ou "Sou uma pessoa noturna". Ou ainda "Não tenho tempo sobrando". Ou "Além do mais, eu preciso dormir *mais*, não menos!".

Tudo isso também era verdade para mim antes de criar o Milagre da Manhã. E é verdade para a maioria das pessoas. Eu perguntei às centenas de milhares de integrantes da Comunidade *The Miracle Morning* em todo o mundo: *Você era uma pessoa matutina antes de ler* O milagre da manhã? Entre 70% e 75% da nossa comunidade de madrugadores confirmam de modo consistente que *não* eram pessoas matutinas antes de lerem este livro. A maioria deles se identificava como pessoas noturnas. Então essa é uma situação do tipo "bem-vindo ao clube".

Independentemente de suas experiências anteriores, se você sempre teve dificuldade para acordar cedo e fazer atividades pela manhã, isso está prestes a mudar.

O Milagre da Manhã não apenas é simples, como extremamente prazeroso, algo que você logo será capaz de fazer com facilidade e pelo resto da vida. E, embora você ainda possa dormir em qualquer horário, vai se surpreender ao descobrir que não quer mais fazer isso. Não consigo dizer quantas pessoas me falaram que agora acordam cedo até nos fins de semana pelo simples fato de se sentirem melhor e conseguirem render mais assim. Imagine só.

Mais adiante, vou apresentar a vocês os Salvadores de Vida, o motor que alimenta o Milagre da Manhã. Eles são seis dos hábitos mais eficazes, atemporais e comprovados para o desenvolvimento pessoal. Após colocá--los em prática, você vai poder escolher quais vai manter e em que ordem vai fazê-los, ou seja, poderá personalizar o seu Milagre da Manhã.

Por ser personalizável, o Milagre da Manhã funciona com o estilo de vida de qualquer pessoa. Mesmo se você tiver horários incomuns ou de-mandas imprevisíveis, como um bebê recém-nascido que acorda você no

**42    O MILAGRE DA MANHÃ**

meio da noite ou um emprego que tenha horário inconsistente, você pode adaptar o Milagre da Manhã aos seus horários. Vou ajudar você a fazer isso no capítulo 8.

Você também vai poder escolher o horário de acordar. Não existe um horário específico para que a rotina dê certo. Na verdade, o horário ideal de acordar é o que funciona melhor para a sua vida. O objetivo é dedicar os primeiros seis a sessenta minutos do dia ao ritual do Milagre da Manhã para desenvolver a capacidade de criar a *sua* vida nível 10, do modo que você definir.

Aqui estão benefícios comuns que as pessoas vivenciam em algumas das áreas mais importantes da vida. Recomendo que você os tenha em mente enquanto lê este livro. Quanto mais consciente e decidido você for em relação a esses benefícios, maior a sua probabilidade de vivenciá-los.

- **Felicidade.** Cada manhã passada sozinho aumenta a consciência de que sua felicidade não é dependente de fatores externos (a menos que você permita isso). A felicidade é determinada pela perspectiva que você escolhe, como ilustrei na introdução. Assim, você pode *escolher* ser feliz a cada dia, não importa o quanto suas circunstâncias atuais sejam difíceis.
- **Saúde.** Em toda área da vida em que concentre os Salvadores de Vida, você inevitavelmente vai sentir melhoras. Então, se você se concentrar em melhorar sua saúde ou forma física, perder peso ou aumentar a disposição, é o que vai acontecer. Eu usei meu Milagre da Manhã para me ajudar a derrotar um tipo raro de câncer e outros o usaram para perder peso, correr maratonas, superar vários desafios de saúde e otimizar a saúde como um todo.
- **Relacionamentos.** O Milagre da Manhã melhorou incontáveis relacionamentos e até salvou casamentos que estavam à beira do divórcio. Quando direcionamos nossa intenção para quem somos e como nos comprometemos a estar presentes para os outros, ganhamos o poder de transformar nossos relacionamentos.

ESTÁ NA HORA DE DESPERTAR PARA O SEU POTENCIAL PLENO   43

- **Finanças.** Como você vai aprender no próximo capítulo, o Milagre da Manhã me permitiu evitar a falência e mais do que dobrar minha renda no auge da pior recessão econômica dos Estados Unidos em décadas. Ao concentrar seus Salvadores de Vida em aumentar a renda, você conseguirá fazer exatamente isso.
- **Produtividade.** Começar cada dia no auge físico, mental, emocional e espiritual aumenta sua capacidade de ser mais produtivo e manter o foco nas suas prioridades. Essa é outra forma pela qual o Milagre da Manhã vai mudar sua vida, porque permite que você seja mais produtivo para colocar essas mudanças em prática.
- **Liderança.** Ao elevar sua consciência e se transformar em uma versão melhor de si mesmo, fazendo melhorias significativas em sua vida, você acabará inevitavelmente inspirando as pessoas ao seu redor e mostrando a elas o que é possível. Você não apenas vai liderar pelo exemplo, como se tornará capaz de ajudar os outros a seguirem seu caminho.
- **Confiança.** Quando perceber que *você* controla sua forma de estar presente todos os dias (e essa é uma das poucas coisas que se pode controlar) e começar a estar presente no seu melhor, você ficará mais confiante.

Eu sei que são afirmações bem ousadas de se fazer e essa lista de benefícios pode parecer um excesso de promessas. É bom demais para ser verdade, certo? Mas eu garanto que não há hipérbole aqui. O Milagre da Manhã vai dar a você um tempo diário e sem interrupções para aprender, crescer e se transformar na pessoa que você precisa ser para conquistar seus objetivos e sonhos mais importantes (especialmente os que você está adiando).

Independentemente de se considerar uma pessoa matinal ou não, você está prestes a aprender como deixar o ato de acordar todos os dias mais fácil e prazeroso do que nunca. Então, ao aproveitar a inegável relação entre acordar cedo e sucesso extraordinário, você vai descobrir que a forma de começar o dia é a chave para desbloquear o seu potencial e estabelecer o nível de sucesso que você deseja em qualquer área. Você verá rapidamente que mudar o jeito de acordar de manhã poderá mudar toda a sua vida.

*Capítulo 2*

# A origem do Milagre da Manhã

## Uma prática que veio do desespero

*O desespero é a matéria-prima de mudanças drásticas. Somente aqueles que podem deixar para trás tudo em que acreditaram podem ter esperança de escapar.*

— WILLIAM S. BURROUGHS

*Para fazer mudanças profundas em sua vida, você precisa de inspiração ou de desespero.*

— TONY ROBBINS

Por mais que tenhamos preferência por uma vida fácil e prazerosa, muitas vezes nossas maiores oportunidades de crescimento vêm na forma de infortúnios. É após atravessar circunstâncias aparentemente insuperáveis, depois de passar pelas profundezas do desespero, que surgimos como uma versão melhor de nós mesmos.

Fui afortunado a ponto de chegar no que se chama de "fundo do poço" duas vezes em minha vida relativamente curta. Digo *afortunado* porque foi o crescimento que vivi e as lições que aprendi durante os momentos mais difíceis da minha vida que me permitiram me transformar na pessoa que eu precisava ser para criar a vida que sempre desejei. Sou grato por poder usar não só meu sucesso, como meus fracassos para empoderar outros a superar as próprias limitações e conquistar mais do que imaginaram ser possível.

O Milagre da Manhã não veio a mim enquanto eu estava relaxando na praia e bebendo bons drinques (isso certamente teria sido muito mais fácil e prazeroso). Na verdade, ele surgiu do desespero quando estava passando por um dos piores momentos da minha vida. Talvez seja por isso que milhões de leitores se identificaram com ele.

## Meu primeiro fundo do poço: morto no local do acidente

Considero meu primeiro fundo do poço a vez que fui atingido por um motorista bêbado, história que contei na introdução. Eu acordei do coma para enfrentar uma realidade muito pior do que poderia ter imaginado e fui muito sortudo por ter uma abundância de amor, apoio e estímulo de outras pessoas nesse período. No hospital sempre tinha alguém para cuidar de mim. Eu estava constantemente cercado por meus entes queridos, pois minha família e amigos vinham me visitar todos os dias. Eu tive uma equipe incrível de médicos e enfermeiros supervisionando cada etapa do meu tratamento e recuperação. Eu não tinha o estresse cotidiano do trabalho e das contas para pagar. Minha única responsabilidade era me curar, e até nisso eu tive ajuda. Embora minha recuperação tenha sido dolorosa e desafiadora, tive muito apoio e a vida no hospital era relativamente fácil.

## Meu segundo fundo do poço: endividado e deprimido

O segundo fundo do poço aconteceu em 2008, no auge da Grande Recessão. A economia tinha entrado em colapso e me levado junto. Como milhões de norte-americanos, eu estava vivendo uma crise financeira pessoal. Da noite para o dia, minha pequena empresa bem-sucedida não dava mais lucro. Os clientes estavam sofrendo os efeitos da recessão e não podiam pagar pelos meus serviços de coach. Em poucos meses, minha renda caiu mais da metade. De repente, eu não pude mais pagar as contas e passei a viver à base dos cartões de crédito. Eu tinha acabado de comprar minha primeira casa e não podia pagar a hipoteca. Eu estava noivo, prestes a me casar, e estávamos planejando nosso primeiro filho. Afundado em dívidas e com a hipoteca atrasada, pela primeira vez na vida fiquei profundamente deprimido. Experienciei um colapso completo em termos mentais, emocionais e financeiros.

## Por que as dívidas foram piores do que a morte

Se você me perguntar o que foi mais difícil, o acidente de carro ou a crise financeira, não hesito em dizer que foi a crise, de longe. A maioria das pessoas provavelmente imaginaria que ser atingido de frente por um motorista bêbado, quebrar 11 ossos, sofrer danos cerebrais permanentes e acordar de um coma ouvindo que nunca mais voltaria a andar seria mais difícil de superar do que problemas financeiros, que são relativamente comuns. É uma suposição justa. Contudo, não foi o meu caso.

Não conseguir pagar as contas, ver minha empresa fracassar e me afundar cada vez mais em dívidas, além de ter a casa tomada pelo banco, foram experiências com as quais eu não estava preparado para lidar em termos mentais e emocionais. A abundância de amor e apoio que tive enquanto me recuperava do acidente de carro passou longe dessa vez. Ninguém sentia pena de mim, e eu não recebi visitas. Não havia ninguém supervisionando meus cuidados e recuperação. Eu estava sozinho. As pessoas tinham os próprios problemas para resolver.

A sensação de estar sozinho fez com que esse período da minha vida fosse muito pior. Sim, eu tive apoio emocional de Ursula, minha esposa, e ela fez o melhor que pôde para me animar, mas não poderia resolver meus problemas financeiros. Ela não conseguiria resolver os problemas da economia, que dirá da minha empresa. Cada dia era um sofrimento. Eu estava consumido por tanto medo e incerteza que o único consolo que encontrava era ir para o porto seguro da minha cama todas as noites. Ela oferecia um alívio temporário, pois eu poderia fugir dos meus problemas por sete ou oito horas. Mas é claro que meus problemas estavam me esperando no dia seguinte, quando eu acordava.

Eu nunca tinha me sentido tão sem esperança, e os pensamentos suicidas atormentavam minha mente todos os dias. Eu pensava como faria isso de um jeito que criaria o mínimo de dor para as pessoas que amava. Olhando para trás, parece uma reação exagerada, mas na época eu me senti impotente, estava assustado e queria desesperadamente acabar com a dor emocional que estava sentindo. Contudo, pensar em como meus pais ficariam arrasados se eu tirasse minha própria vida bastou para engolir o choro e seguir em frente.

Lá no fundo eu sempre acreditei que, não importa o quanto a situação seja ruim, *sempre* há um jeito de virar o jogo, mas os pensamentos e sentimentos continuavam lá. Eu não conseguia enxergar uma saída da minha crise financeira e odiava me sentir tão incapaz.

## A corrida que mudou minha vida

Sem querer incomodar ninguém com meus problemas, e provavelmente um pouco envergonhado por não conseguir lidar com minhas responsabilidades, eu guardava tudo para mim. Até que Ursula sugeriu que era hora de deixar o orgulho de lado e pedir ajuda a um dos meus amigos.

Eu liguei para Jon Berghoff, um amigo de longa data que era excepcionalmente bem-sucedido nos negócios e conhecido por ser muito sábio. Senti um alívio quando finalmente confessei o quão mal as coisas estavam indo. Não escondi nada. E, embora ele tenha expressado

**48  O MILAGRE DA MANHÃ**

uma preocupação sincera, seu conselho inicial me pegou desprevenido. Ele perguntou se eu estava me exercitando todos os dias. Confuso com a pergunta, eu respondi com:

— O que exercícios físicos têm a ver com o fato de não conseguir pagar minhas contas?

— Têm tudo a ver.

Jon explicou: sempre que ele se sentia estressado ou sobrecarregado, sair para correr lhe permitia pensar com mais clareza, levantava o ânimo e o ajudava a elaborar soluções para os problemas. Eu imediatamente fui contra:

— Jon, eu odeio correr. O que mais posso fazer?

Sem hesitar, ele retrucou:

— O que você odeia mais, correr ou a sua situação atual?

*Touché.* Certo, eu estava desesperado e não tinha nada a perder, então decidi sair para correr.

Na manhã seguinte, amarrei os cadarços dos meus tênis de basquete Nike Air Jordan (eu avisei que não era um corredor), peguei meu iPod para ouvir algo positivo, a fim de melhorar minha mentalidade, e fui para a porta da casa que estava prestes a ser tomada pelo banco. Eu não fazia ideia de que, nessa primeira corrida, eu ouviria uma frase que mudaria o rumo da minha vida.

Estava ouvindo um áudio de desenvolvimento pessoal do Jim Rohn, e ele disse algo que, embora já tivesse ouvido antes, eu nunca tinha realmente entendido ou colocado em prática. Sabe como às vezes você precisa ouvir algo no momento certo para *entender*? Naquela manhã eu estava no estado mental certo — um estado de desespero — e entendi. Quando ouvi Jim dizer: "O seu nível de sucesso raramente excederá seu nível de desenvolvimento pessoal, pois o sucesso é algo que você atrai pela pessoa que você *se torna.*" Eu parei onde estava.

Voltei o áudio e ouvi a frase de novo. *O seu nível de sucesso raramente excederá seu nível de desenvolvimento pessoal, pois o sucesso é algo que você atrai pela pessoa que se torna.* Foi como um tsunami de realidade caindo sobre mim. Subitamente, percebi que não estava dedicando tempo para me desenvolver a ponto de ser a pessoa que eu precisava ser para atrair, criar e manter o nível de sucesso que desejava em minha vida. Em uma escala de um a dez, eu queria vivenciar o sucesso nível 10, mas meu nível de desenvolvimento pessoal girava em torno de dois, talvez três ou quatro em um dia bom.

De repente tudo fez sentido. Embora meus problemas e as causas da minha depressão parecessem externos — uma empresa falindo, pouco dinheiro para pagar as contas, ser despejado da minha casa, o estado da economia e por aí vai —, a solução era interna. Se eu quisesse viver uma vida nível 10, primeiro precisaria virar uma pessoa nível 10 que seria capaz de criar essa vida.

Ao longo dos anos, percebi que essa desconexão existe na maioria das pessoas. Todos nós queremos vivenciar cada aspecto da vida — saúde, felicidade, relacionamentos, espiritualidade, segurança financeira etc. — o mais perto possível do nível 10. Ninguém *quer* se contentar com menos do que merece. Mas só uma porcentagem relativamente pequena da população tem uma prática diária de desenvolvimento pessoal que lhes permite evoluir continuamente e se transformar na pessoa que precisam ser para criar essa vida. Na época, eu definitivamente não tinha. O que eu precisava era dedicar tempo ao meu desenvolvimento pessoal todos os dias para que pudesse ser capaz e merecedor da vida que tanto desejava.

Sentindo-me inspirado e esperançoso pela primeira vez em muito tempo, eu dei meia-volta e corri para casa. Eu estava pronto para me transformar na pessoa que precisava ser a fim de mudar minha vida.

## Nosso primeiro desafio: encontrar tempo

Para mim fez sentido que transformar o desenvolvimento pessoal em prioridade no meu dia a dia fosse a solução para a maioria dos meus problemas, o elo perdido que me permitiria evoluir e me transformar na pessoa que precisava ser para conseguir mudar de vida. Era simples assim.

50   O MILAGRE DA MANHÃ

Contudo, minha primeira dificuldade foi a mesma de qualquer pessoa: *encontrar tempo*. Por mais que eu tivesse noção da importância disso, eu não sabia como acrescentar mais uma tarefa à minha agenda cheia. Eu já me sentia tão sobrecarregado só de tentar cumprir as tarefas do dia que a ideia de encontrar tempo "extra" para o meu desenvolvimento pessoal parecia que ia acrescentar mais estresse indesejado à minha vida. Talvez você se identifique com isso, não é?

Aquilo me fez lembrar algo que li no livro de Matthew Kelly, *O ritmo da vida*: "Por um lado, todos queremos ser felizes. Por outro, todos sabemos o que nos deixa felizes. Mas não fazemos nada disso. Por quê? É simples. Somos ocupados demais. Ocupados demais fazendo o quê? Ocupados demais tentando ser felizes."

Eu peguei a agenda, me sentei no sofá e me comprometi a encontrar tempo — *criar* tempo — para incorporar uma prática de desenvolvimento pessoal diária à minha vida. Considerei as opções.

## Talvez à noite?

Meu primeiro pensamento foi que eu poderia encontrar tempo à noite, seja logo após o trabalho ou de madrugada, depois que Ursula fosse dormir. Mas logo percebi que as noites eram o único momento que nós tínhamos juntos durante a semana. Sem contar que, após um longo dia de trabalho, eu geralmente estava mental e fisicamente esgotado. Eu só queria relaxar e mal conseguia ser coerente, que dirá estar no estado mental necessário para praticar o desenvolvimento pessoal. A noite não seria eficaz para isso.

## Que tal à tarde?

Depois, eu pensei na tarde. Talvez eu pudesse reservar um horário no meio do dia, talvez na hora do almoço. Ou então poderia encontrar um tempo extra no meio da minha lista de tarefas infinita. Mas não era realista. A tarde também não iria dar certo.

## Ah, fala sério... De manhã não!

Por fim eu pensei em fazer isso de manhã. Minha primeira reação foi de resistência. Dizer que eu *não* era uma pessoa matinal era um eufemismo. Sempre detestei a ideia de acordar cedo. Era algo que eu odiava quase tanto quanto correr. Você jamais me veria correndo por prazer, assim como você nunca me veria acordando cedo a menos que fosse estritamente necessário. Mas, quanto mais eu pensava nisso, mais as coisas começaram a fazer tanto sentido que não deu para ignorar.

Eu concluí que, se começasse cada dia com um ritual de desenvolvimento pessoal, eu provavelmente ficaria em um estado mental muito melhor pelo resto do dia. Eu me lembrei de uma publicação que tinha lido no blog de Steve Pavlina intitulada "The Rudder of the Day" [O leme do dia]. Steve comparava a manhã ao leme de um navio. "Se eu sou preguiçoso ou inconstante em minhas atitudes na primeira hora depois de acordar, tendo a ter um dia preguiçoso e sem foco. Mas, se eu me esforçar para fazer essa primeira hora o mais produtiva possível, o resto do dia tende a seguir esse ritmo."

Segundo, se eu fizesse meu desenvolvimento pessoal logo de manhã, poderia evitar todas as desculpas que se acumulam durante o dia (*Estou cansado demais, não tenho tempo, vou deixar para amanhã* etc.). Ao reservar tempo durante a manhã, antes do resto do dia e do trabalho começarem, eu posso garantir que vai ser uma prática diária.

A manhã era obviamente a melhor opção. Mas já era difícil o bastante me arrastar para fora da cama todo dia às 6 horas — *porque eu precisava* —, então a ideia de acordar voluntariamente uma hora mais cedo era inconcebível para mim. Eu estava prestes a fechar a agenda e esquecer tudo quando ouvi a voz marcante de um dos meus mentores, Kevin Bracy, gritando de forma passional na minha cabeça: "Se você quer que sua vida seja diferente, precisa estar disposto a fazer algo diferente!"

Droga, eu sabia que Kevin tinha razão. Era hora de ver se eu conseguiria superar a crença limitante autoimposta, que eu tivera a vida inteira, de que eu não era uma "pessoa matinal". Então escrevi "Desenvolvimento pessoal" na minha agenda às 5 da manhã do dia seguinte.

## O segundo desafio: fazer o que gera mais impacto

Aí me deparei com outro desafio: o que eu poderia fazer durante aquela hora que teria o maior impacto e melhoraria minha vida mais rápido? Eu precisava descobrir o que as pessoas de muito sucesso faziam para o desenvolvimento pessoal e imitá-!as. Então fui descobrir quais eram as práticas e métodos mais eficazes para otimizar meu processo.

Peguei o computador e joguei no Google frases como "melhores práticas de desenvolvimento pessoal" e "O que as pessoas mais bem-sucedidas do mundo fazem para o desenvolvimento pessoal?" Peguei uma folha de papel em branco e comecei a anotar as práticas atemporais que encontrei. Nenhuma delas era nova. Primeiro fiquei decepcionado. Eu tinha sido influenciado pela sociedade a sempre buscar o "novo". Todos nós fomos treinados pelos marqueteiros a valorizar o mais novo iPhone, a nova temporada de sua série favorita e as soluções mais inovadoras e inéditas para nossos problemas. Ao mesmo tempo, somos ensinados a desvalorizar o que é atemporal, comprovado e eficaz, que dispensamos por considerar antigo e datado. O que minha busca indicava eram atividades que não eram apenas antigas, elas eram usadas havia milhares de anos. Assim, cheguei a uma lista de seis práticas: *meditação, afirmações, visualização, exercícios físicos, ler* e *escrever um diário.*

Foi quando me ocorreu que essas práticas tinham algo em comum: muitas, talvez todas as pessoas mais bem-sucedidas do mundo em diversas áreas da vida afirmaram que uma ou mais de uma delas foram cruciais para o sucesso. Cada uma dessas práticas havia sido testada e comprovada ao longo do tempo. Também me ocorreu que eu não estava fazendo nenhuma delas de modo consistente. Mas qual delas eu deveria praticar? Qual era melhor? Qual dessas práticas me permitiria mudar de vida mais rápido?

De repente tive uma epifania: *E se eu acordasse uma hora mais cedo amanhã e fizesse todas as seis?* Pensei: *Esse seria o melhor ritual de desenvolvimento pessoal.* Então rapidamente dividi os sessenta minutos por seis práticas, atribuí dez minutos para cada uma e planejei experimentar todas as seis na manhã seguinte. O interessante foi que olhar para a lista me deixou motivado! De repente, a ideia de acordar cedo passou de algo que eu normalmente evitava a algo que eu estava ansioso para fazer. Naquela noite, eu dormi com um sorriso no rosto. Estava empolgado pela manhã seguinte!

## A manhã que transformou a minha vida

Quando meu alarme tocou às 5 da manhã (o que antes seria um horário impensável para eu acordar), meus olhos se arregalaram, e pulei da cama me sentindo cheio de energia e empolgado. Eu me senti como uma criança depois de ganhar os presentes de Natal. Não houve um momento em minha vida em que acordar tivesse sido tão fácil e prazeroso... até aquele dia.

Com dentes escovados, rosto lavado e um copo de água na mão, eu sentei no sofá da minha sala de estar às 5h07, sentindo-me genuinamente empolgado com minha vida pela primeira vez em muito tempo. Ainda estava escuro lá fora e havia algo muito empoderador nisso. Saquei a lista que eu havia escrito de atividades de desenvolvimento pessoal capazes de mudar minha vida. E as implementei uma a uma.

- **Meditação.** Programei um alarme para tocar em dez minutos e fiquei lá em silêncio, rezando, meditando e me concentrando na respiração. Inicialmente, minha cabeça estava repleta de pensamentos. *Estou fazendo isso certo? Como aquieto minha mente? Por que não consigo parar de pensar?* Embora eu tenha ficado inicialmente frustrado com o caos na minha mente, à medida que os minutos passaram, o tempo pareceu passar mais devagar. Embora nunca tivesse meditado antes e tivesse certeza de que estava fazendo do jeito errado, senti meu estresse dissipar e ser substituído por uma sensação de paz. A cada respiração, ficava mais relaxado. Isso foi totalmente diferente do caos

**54** O MILAGRE DA MANHÃ

mental e da reatividade com a qual eu costumo começar cada dia. Pela primeira vez em vários meses, me senti *em paz*.

- **Afirmações.** A próxima atividade era a que eu estava menos empolgado para fazer. Dizer a mim mesmo "Eu sou rico" quando eu estava longe disso parecia no mínimo loucura. Contudo, durante minha busca na noite anterior, eu encontrei as afirmações de autoconfiança do livro clássico de Napoleon Hill, *Pense e enriqueça*. Elas me forneceram um lembrete simples: podemos fazer emergir nossa confiança com base no potencial ilimitado que existe em cada um de nós. Elas afirmavam que todos somos inerentemente tão dignos, merecedores e capazes de superar e conquistar tudo o que desejamos quanto qualquer outra pessoa na terra. Ao ler isso em voz alta, eu me senti *empoderado*.

- **Visualização.** Quando soube que muitos atletas e artistas do mais alto nível do mundo usavam a visualização para ensaiar mentalmente que estão tendo a melhor performance possível, não havia motivo para não fazer o mesmo. Descobri que fechar os olhos e me visualizar cumprindo as tarefas do dia e me sentindo concentrado, confiante e feliz tinha a ver tanto com os sentimentos que eu gerava quanto com o que eu visualizava. Gerei uma experiência emocional estimulante, que alimentou meu desejo de realizar ações alinhadas com o que estava visualizando. Eu me senti *inspirado*.

- **Leitura.** Como eu sempre dava a desculpa de que não tinha tempo para ler, estava empolgado para reservar um período durante a manhã e começar o que sempre esperei que fosse um hábito para toda a vida. Eu peguei *Pense e enriqueça* da prateleira de novo. Como a maioria dos meus livros, eu tinha começado, mas não terminado. Li por dez minutos e peguei algumas ideias que imediatamente melhoraram minha mentalidade. Eu fui lembrado de que basta uma ideia para mudar sua vida. Eu me senti *motivado*.

- **Escrever em um diário.** A seguir, eu abri um dos vários cadernos em branco que comprara ao longo dos anos. Como todos os outros, eu só escrevi nele por alguns dias, no máximo uma semana. Nesse dia eu escrevi os motivos de gratidão na minha vida. Também listei algumas possibilidades para o futuro, expressando gratidão de modo otimista pela situação e vida melhores que eu estava me comprometendo a criar. Quase imediatamente senti minha depressão — que pairava como uma névoa pesada sobre mim — se dissipando. Ela continuava lá, mas estava mais leve. O simples ato de escrever as coisas pelas quais eu me sentia afortunado de ter na vida, para as quais eu muitas vezes não dava valor, me deu um novo ânimo. Eu me senti *grato*.

- **Exercícios.** Com dez minutos restando no relógio, eu estava pronto para mexer o corpo e fazer o sangue fluir. Levantei do sofá e fiz sessenta polichinelos. Enferrujado do jeito que estava, foi o suficiente para me deixar ofegante. Depois fui para o carpete da sala de estar e fiz o máximo de flexões que consegui (vou guardar esse número para mim). Então virei de costas e fiz o máximo de abdominais que minha barriga fora de forma conseguiu suportar. Restando seis minutos, eu apertei play em um vídeo de yoga de cinco minutos que tinha encontrado na noite anterior no YouTube. Embora eu tivesse um longo caminho a percorrer antes de voltar à forma, eu me senti *energizado*.

Sessenta minutos passaram voando e eu me senti incrível! Eu tinha vivenciado um dos dias mais tranquilos, empoderadores, inspiradores, motivadores, gratos e empolgantes da minha vida e eram apenas 6 da manhã. Eu estava esperançoso. Então pensei: *Se eu começar todos os dias desse jeito, é só uma questão de tempo até me transformar na pessoa que preciso ser para criar tudo o que desejo para minha vida.*

Eu mal conseguia me conter para contar a Ursula como tinha sido minha manhã! Quando ela acordou, repassei empolgado cada passo e expressei minha crença — esse ritual matinal poderia mudar tudo para nós. Ela estava visivelmente cética.

## 56    O MILAGRE DA MANHÃ

— Espera aí, deixa eu ver se entendi. Você tem se sentido deprimido e desanimado há seis meses e agora, depois de apenas uma manhã, você está confiante de que vai virar o jogo? Você usou drogas? — perguntou ela rindo.

— Não, amor. Mas vou falar uma coisa: parece um milagre!

## Nada menos do que um milagre

Nas semanas seguintes, continuei acordando às 5 da manhã e seguindo meu novo ritual de desenvolvimento pessoal de sessenta minutos. Por estar tão incrivelmente feliz com o modo como me sentia e o progresso que estava tendo por causa da minha rotina matinal, eu queria *mais*. Então, certa noite, enquanto me preparava para deitar, eu fiz o que era impensável naquele momento: coloquei o despertador para as 4 horas. Ao adormecer naquela noite, me perguntei se estava doido.

Para minha surpresa, foi tão fácil acordar às 4 da manhã quanto era acordar às 5, e despertar em qualquer um dos dois horários era dez vezes mais fácil do que em *qualquer* dia no passado.

O meu nível de estresse caiu drasticamente. Eu tinha mais energia, clareza e concentração. Me sentia genuinamente feliz, motivado e inspirado. Os pensamentos sobre a depressão estavam se tornando uma lembrança distante. Dava para ver que eu era de novo *meu eu antigo* — apesar de que vinha experimentando tanto crescimento, e tão rápido, que superava logo qualquer versão de mim mesmo que jamais fora no passado. Com meus recém-descobertos níveis de energia, motivação, clareza e concentração, eu era capaz de, com facilidade, estabelecer objetivos, criar estratégias e executar um plano para salvar meu negócio, conseguir mais clientes e aumentar minha renda. Na verdade, menos de dois meses após meu primeiro Milagre da Manhã, minha renda mensal tinha mais do que dobrado. Não só a renda estava de volta ao nível de antes da crise, como estava mais alta do que nunca.

Eu me vi refletindo de modo consistente sobre a transformação que estava vivendo, como ela era profunda e rápida. Falei com Ursula que parecia um milagre, e ela começou a chamar de "milagre da manhã". Eu gostei, então troquei "Desenvolvimento pessoal" para "Milagre da Manhã" na minha agenda e comecei a pensar em dividir minha rotina matinal com outras pessoas. Imaginei que, se isso estava funcionando tão bem para mim, mesmo que não fosse uma pessoa matinal quando comecei, talvez pudesse ajudar outras pessoas também. Então me senti compelido a passar os ensinamentos adiante. Mas, antes de poder descobrir como iria fazer isso, alguém tomou a iniciativa e perguntou sobre a minha rotina.

## Se a Katie consegue fazer...

Algumas semanas depois, eu ainda estava trabalhando na melhor forma de partilhar o que descobri com outras pessoas de um jeito fácil de reproduzir quando minha cliente de coaching Katie Heaney abordou o tema da manhã. "Hal, eu vivo lendo sobre pessoas bem-sucedidas que amam a própria rotina matinal. Como você começa suas manhãs?", perguntou ela. Eu mal contive a empolgação quando falei sobre meu novo ritual do Milagre da Manhã e os benefícios que estava sentindo. Assim como eu, ela imediatamente rejeitou a ideia: "Ah, sim, faz sentido. Mas eu não sei se quero acordar mais cedo. Nunca fui uma pessoa matinal." "Eu também não era!", garanti. Eu ofereci apoio e dei algumas dicas para derrotar o botão de soneca. Ela se comprometeu a acordar às 6 da manhã, uma hora antes do usual, e experimentar o Milagre da Manhã.

Na sessão seguinte, duas semanas depois, Katie apareceu mais entusiasmada do que nunca! Quando perguntei se ela acordou às 6 da manhã todos os dias para fazer o Milagre da Manhã, recebi uma resposta inesperada: "Não, eu acordei às 6 no primeiro dia, mas você estava certo. Eu tive uma manhã tão incrível que quis mais! Então, acordei às 5 da manhã o resto da semana! Hal, foi incrível!

Fiquei tão inspirado pela experiência dela que imediatamente comecei a falar do Milagre da Manhã com meus outros clientes de coaching. Assim

## 58    O MILAGRE DA MANHÃ

como a Katie, a maioria resistiu inicialmente à ideia, sempre dizendo que não eram pessoas matutinas. Contudo, com um pouco de persistência, estímulo e usando o exemplo da Katie como prova de que era possível, todos se comprometeram a acordar pelo menos meia hora mais cedo para colocar em prática o Milagre da Manhã.

Em poucas semanas, 13 dos meus 14 clientes estavam fazendo o Milagre da Manhã e dizendo que sentiam benefícios profundos similares aos que Katie e eu sentimos. O simples fato de estarem meditando, recitando afirmações, visualizando, fazendo exercícios físicos, lendo e escrevendo um diário todos os dias era motivo de comemoração. Alguns começaram a contar orgulhosamente aos amigos e colegas de trabalho que o Milagre da Manhã estava mudando a vida deles. Outros começaram a publicar atualizações diárias sobre a nova rotina nas redes sociais. De repente, a ideia começou a se espalhar e passei a ver pessoas que nunca tinha encontrado na vida publicando sobre o Milagre da Manhã *delas* na internet.

Loucura, não é?

## Quem diabos é Joe?

Para apoiar pessoas que estavam descobrindo o Milagre da Manhã, um amigo sugeriu que eu comprasse o nome de domínio miraclemorning.com (nem acreditei que estava disponível!) e publicasse alguns vídeos. Eu não me sentia confortável na frente da câmera, mas decidi arriscar. Comecei a gravar vídeos curtos, subir para o YouTube e colocá-los no meu novo site caseiro.

Um dia, sentado no sofá da sala, eu estava subindo um dos vídeos para o YouTube quando digitei meu nome na busca (por favor, não me julgue, você já colocou seu nome no Google que eu sei). Apareceu um vídeo intitulado "Milagre da Manhã na casa de Joe". Era de um cara que eu nunca tinha visto na vida e a minha primeira reação não foi lá muito positiva. Fiquei na defensiva e disse em voz alta: "Quem diabos é Joe e por que ele está copiando meu Milagre da Manhã?" Eu não sabia o que pensar, mas estava prestes a ter uma agradável surpresa.

Ao dar play no vídeo, vi o seguinte: "Olá, aqui é seu amigo, Joe Diosana. Vamos olhar que horas são." (Joe mostra o despertador exibindo 5h41.) "São 5h41 da manhã de domingo, e você deve estar se perguntando: 'Cara, que diabos você está fazendo acordado antes das 6 horas em um domingo?' Bem, confira MiracleMorning.com. É, MiracleMorning.com. Veja a informação e faça download. Parece Natal para mim, juro, e estou cheio de energia. Todo dia parece o Natal agora. Confira, e espero que sua vida seja abençoada."

Fiquei ali sentado, olhando para a tela do computador, de queixo caído, maravilhado, quase em lágrimas. Estava começando a perceber que, embora nunca tivesse tido a intenção de que o Milagre da Manhã fosse algo mais do que o meu ritual de desenvolvimento pessoal, agora eu sentia uma responsabilidade de dividi-lo com o máximo de pessoas possível para que pudesse afetar outras vidas como afetou a minha.

Estava ficando claro que, se o Milagre da Manhã funcionou para mim, Katie, Joe e quase todo mundo com quem dividi a prática, e nenhum de nós se considerava uma pessoa matinal, poderia funcionar para qualquer pessoa.

## Como você vai usar o Milagre da Manhã?

Eu passei uma boa parte deste capítulo explicando como o Milagre da Manhã foi criado e explicando como a prática melhorou a vida de outras pessoas. Agora que você tem uma compreensão melhor do que é possível, é hora de mudar o foco e mostrar como o Milagre da Manhã pode melhorar a *sua* vida.

Os próximos capítulos vão te ajudar a alcançar o próximo nível para que você possa levar seu sucesso para o próximo patamar. Lembre-se: só é possível acontecer nessa ordem. Ao fazer progresso diário e consistente para se transformar em uma versão nível 10 de si mesmo, você poderá criar a vida nível 10 que realmente deseja e merece.

## 60 O MILAGRE DA MANHÃ

Não vou pedir a você para dormir menos, nem vou falar o tempo todo para acordar uma hora mais cedo. Lembre-se: o Milagre da Manhã é totalmente personalizável e pode se encaixar na sua vida. Muitas pessoas fazem um Milagre da Manhã de trinta minutos (aproximadamente cinco minutos para cada prática), e ele pode ser feito até em seis minutos (confira o capítulo 7). Você também verá que existem outros momentos do dia para colocá-los em prática se as manhãs não funcionarem mesmo para você.

Eu pediria que você começasse a pensar na relação entre os riscos e os benefícios. Aceitar menos do que realmente deseja em *qualquer* área da sua vida faz aqueles trinta minutos de sono matinal concedidos pelo botão de soneca valerem a pena? Ou vale a pena acordar um pouco mais cedo para criar tudo o que você quer para sua vida? Não responda agora. Fique com a pergunta em mente enquanto lê o próximo capítulo.

*Capítulo 3*

# O choque de realidade dos 95%

*Uma das coisas mais tristes da vida é chegar ao fim e olhar para trás com remorso, sabendo que poderia ter sido, feito e tido muito mais.*

— ROBIN SHARMA

*A história da raça humana é a história de homens e mulheres que se subestimam.*

— ABRAHAM MASLOW

A cada dia que você e eu acordamos, enfrentamos o mesmo desafio universal: superar a tentação de nos contentar com menos do que somos capazes para podermos atingir o nosso potencial completo. É o maior desafio na vida de quase todas as pessoas, superar a força que empurra para a mediocridade e estar presente em seu melhor a cada dia para podermos criar uma vida que adoramos acordar para viver.

Segundo a Administração de Seguro Social dos Estado Unidos, se você acompanhar cem pessoas desde o começo da carreira e durante os próximos quarenta anos, até atingirem a idade de aposentadoria, descobrirá o seguinte: apenas uma será rica; quatro estarão financeiramente seguras;

## 62 O MILAGRE DA MANHÃ

cinco continuarão trabalhando, não porque querem, mas porque precisam; 36 estarão mortas e 54 estarão falidas e dependendo de amigos, familiares, parentes e do governo para cuidar delas.

Apenas 5% da população consegue criar uma vida de liberdade financeira. Todo o resto, os outros 95%, terão dificuldade a vida inteira. E, embora esteja claro que dinheiro não é de forma alguma a única — ou mesmo a melhor — medida de sucesso, ele certamente pode representar segurança, conforto e liberdade. Quando temos segurança financeira, somos livres para parar de nos preocupar com dinheiro e nos concentrar nas outras áreas mais importantes da vida.

Quando criei e comecei a praticar o Milagre da Manhã, minha situação financeira estava caótica. Por isso, eu concentrei minha prática em aumentar a renda. Mesmo que os Estados Unidos estivessem no meio da Grande Recessão de 2008, eu consegui mais do que dobrar minha renda em menos de dois meses, assim como o número de clientes com quem eu trabalhava. À medida que fui colocando minhas finanças em ordem, fui me concentrando na saúde e na boa forma física (que vinha caindo gradualmente, já que estar deprimido dificultava que eu tivesse motivação). Então mudei a alimentação e me comprometi a correr uma ultramaratona (pois decidi que isso representaria a forma física nível 10 para mim). Minha saúde mental também se transformou por completo, embora não tenha levado dois meses para isso. Ela literalmente mudou durante o meu primeiro Milagre da Manhã, quando passei a sentir esperança. E é claro que Ursula adorou essa nova versão melhorada de mim, o que transformou nosso relacionamento. Está claro para mim que, quando você se concentra em se aperfeiçoar em qualquer área, todas as outras áreas da vida melhoram como resultado desse esforço.

Com essa consciência, existe uma pergunta crucial que eu acredito que devemos explorar e resolver: o que podemos fazer agora a fim de parar de se contentar com menos do que somos capazes para poder criar a vida nível 10 que merecemos ter?

## Três passos para superar a mediocridade e atingir seu potencial

Descobri que a palavra "mediocridade" pode ser um gatilho para algumas pessoas. Se você interpretá-la como um julgamento, poderá considerá-la uma ofensa, o que é compreensível. Contudo, essa definitivamente não é minha intenção, nem o significado que pretendo adotar, então vou reservar um momento para definir com clareza o termo que será usado ao longo deste livro.

A mediocridade não tem nada a ver com comparar você a qualquer outra pessoa. É apenas uma questão de nos comparar com a pessoa que somos capazes de ser, a melhor versão de nós. Quando aceitamos menos do que desejamos e do que somos capazes de fazer, estamos nos contentando com a mediocridade, pois ela está relacionada ao potencial que existe dentro de nós.

Quando pesquisadores da Universidade de Cornell perguntaram a milhares de pessoas no leito de morte qual era o maior arrependimento de sua vida, 76% dos participantes deram a mesma resposta: "Não ter vivido de acordo com o meu eu ideal." Não sei quanto a você, mas acho desanimador pensar que três quartos da população vão chegar ao fim da vida e olhar para trás com arrependimento, pensando: *Eu queria ter tido a coragem de atingir meu potencial e viver a vida que era capaz de viver.*

Não precisamos de estatísticas para perceber que a maioria das pessoas tem dificuldade para criar uma vida que amam. Basta olhar para as pessoas do nosso círculo de influência, para a sociedade como um todo ou para a pessoa que vemos no espelho e fazer a própria avaliação. Quantas pessoas você conhece que estão vivendo ou tentando viver uma vida nível 10? Por outro lado, quantas pessoas você conhece que estão se contentando com menos do que desejam e têm dificuldade de aproveitar a vida?

O resto deste capítulo se baseia em três passos simples e decisivos para superar a mediocridade e se juntar ao grupo dos que estão vivendo a vida como desejam.

## Passo 1: reconhecer a dura realidade dos 95%

Primeiro, precisamos compreender e reconhecer a realidade de que 95% da sociedade jamais criará e viverá a vida que de fato deseja. Claro que nossos amigos e parentes não estão imunes a esse destino, muito menos nós. É apenas uma questão de causa e efeito. Então é crucial aceitar a perspectiva de que, se não nos comprometermos a pensar e viver de modo diferente da *maioria das pessoas*, estaremos involuntariamente nos colocando no caminho de uma vida de dificuldades, como a maioria das pessoas. Se quisermos atingir nosso potencial e ajudar os que amamos a fazer o mesmo, precisamos fazer escolhas diferentes, a partir de agora.

É da natureza humana escolher o caminho mais fácil, apesar das consequências. Como não podemos controlar o que as outras pessoas vão fazer, precisamos nos concentrar em nós. Assim, podemos nos posicionar melhor para ajudar os outros. É mais ou menos como quando o comissário de bordo diz que, no caso de uma emergência, você precisa colocar a sua máscara de oxigênio em primeiro lugar. Quando priorizamos o autocuidado, estamos mais preparados para ajudar o próximo.

Todos os dias, a maioria de nós tem dificuldade em algum aspecto importante da vida. É difícil criar o nível de sucesso, felicidade, amor, realização, saúde e prosperidade financeira que realmente desejamos. Pense nos seguintes aspectos:

- **Físico.** A obesidade é uma epidemia. Doenças potencialmente fatais, como câncer e problemas cardíacos, continuam afetando nossa sociedade em grandes números. A pessoa média se considera exausta e a maioria de nós luta para ter disposição que dure um dia sem consumir algumas xícaras de café ou um energético. Contudo, apesar de estarmos exaustos durante o dia, nossa mente tende a acelerar durante a noite e milhões de pessoas sofrem para dormir bem. Nosso nível de energia física é crucial para nossa qualidade de vida. Quando temos uma abundância de energia,

O CHOQUE DE REALIDADE DOS 95%   65

nós ficamos mais felizes, motivados e produtivos. Por outro lado, quando estamos exaustos ou com dor, geralmente ficamos mais deprimidos, com mais dificuldade para encontrar motivação e incapazes de ser produtivos, que dirá fazer grandes mudanças na vida. Algo precisa mudar.

- **Mental e emocional.** Todos nós queremos nos sentir bem, ser feliz e aproveitar a vida. Apesar disso, cada vez mais pessoas estão lutando para encontrar alegria e sentido. Uma pesquisa recente mostra que apenas 14% dos adultos norte-americanos dizem que estão "muito felizes". De acordo com a Mental Health America, 46% dos norte--americanos atendem aos critérios para um problema de saúde mental diagnosticável em algum momento da vida, e metade dessas pessoas vão desenvolver algum deles aos 14 anos.

- **Relacionamentos.** A qualidade de vida é muito influenciada pela qualidade dos relacionamentos e, infelizmente, mais pessoas do que nunca se sentem solitárias, isoladas e distantes dos amigos e familiares. Aproximadamente metade dos casamentos ainda acaba em divórcio. Muitos casais que se comprometem diante dos amigos e familiares a viver juntos *na saúde e na doença, na riqueza e na pobreza* têm dificuldade para cumprir esses votos. Como sociedade, muitos concordariam que estamos mais divididos do que nunca. Estamos famintos por conexão.

- **Financeiro.** Os norte-americanos têm mais dívidas pessoais hoje do que em qualquer outro momento da história. Poucos estão ganhando dinheiro como gostariam. A maioria de nós gasta mais do que ganha, não poupa o suficiente e tem dificuldade para pagar as contas, que dirá criar liberdade financeira.

Se você fosse perguntar a qualquer pessoa que está infeliz, não se sente realizada ou está com dificuldade em áreas significativas da vida se a situação atual fazia parte do que eles planejavam para a vida, o que você acha que eles responderiam? Você acha que alguém pretende viver com

66    O MILAGRE DA MANHÃ

dificuldades? É claro que não! E essa é a parte assustadora, porque as pessoas estão permitindo que a vida aconteça a eles em vez de criar ativamente a vida que desejam.

Agora que reconhecemos que a maioria da sociedade não está vivendo como gostaria, o próximo passo crucial é entender *por que* isso acontece para ajudar você a evitar o mesmo destino ou encontrar um jeito de sair desse grupo, se já estiver nele.

## Passo 2: identificar as causas da mediocridade e as soluções para sair dela

Vamos passar a maior parte do capítulo neste segundo passo, porque identificar o que está entre quem somos e quem somos capazes de ser é crucial para acabar com essa lacuna. Vamos abordar sete causas comuns da mediocridade, acompanhadas por sete soluções que você pode colocar em prática imediatamente para superá-las. Veja em quais dessas situações você se encaixa e aplique as soluções correspondentes.

### Causa 1: Síndrome do Espelho Retrovisor (SER)

Uma das causas de mediocridade mais comprometedoras na vida é uma condição que chamo de Síndrome do Espelho Retrovisor (SER). Nosso subconsciente é equipado com um espelho retrovisor autolimitador, através do qual vivemos e recriamos nosso passado continuamente. Acreditamos, de maneira equivocada, que quem fomos é quem somos, e isso limita nosso potencial verdadeiro no presente, baseado nas limitações do passado.

Como resultado, nós filtramos cada escolha que fazemos — desde a que horas acordaremos pela manhã até quais objetivos estabeleceremos — através das limitações das nossas experiências passadas. Queremos criar uma vida melhor, mas às vezes não sabemos como ver a nós mesmos de maneira diferente de como sempre vimos.

O CHOQUE DE REALIDADE DOS 95%   67

Uma pessoa comum tem entre cinquenta e sessenta mil pensamentos por dia. O problema é que a maioria deles é a mesma coisa ou muda pouco de um dia para o outro. Isso nos leva a desenvolver padrões de pensamento. No geral, temos os mesmos pensamentos, sentimentos e humores todos os dias. Com isso, a dúvida vira um padrão de pensamento. O medo vira outro padrão de pensamento, assim como a raiva. E assim sucessivamente até tomarmos uma decisão consciente e fazermos um esforço contínuo de elevar o pensamento. Não surpreende que a maioria das pessoas passe dia após dia, mês após mês e ano após ano e não consiga melhorar de vida.

Como uma mala velha e gasta que precisa ser substituída, carregamos estresse, medo e preocupações de ontem para hoje. Quando surgem novas oportunidades, corremos para olhar o espelho retrovisor e avaliar nossas habilidades passadas: "Não, eu nunca fiz algo assim. Nunca cheguei a esse nível. Na verdade, eu fracassei várias vezes." Da mesma forma, diante da adversidade, nós voltamos ao bom e velho espelho retrovisor para nos orientar sobre a melhor forma de reagir. "É, que azar. Essa droga sempre acontece comigo. Vou desistir, foi o que fiz todas as vezes que a situação ficou difícil demais."

## Solução 1: aceitar o seu potencial ilimitado

Para ir além dos limites do passado, você precisa parar de definir seu valor e suas habilidades pelo espelho retrovisor psicológico. É preciso estar disposto a ver o que é possível pela lente de seu potencial ilimitado. Você pode começar aceitando e afirmando o paradigma: "O que sou capaz de fazer se baseia no meu potencial, não no meu passado."

A prática do Milagre da Manhã vai fornecer um arcabouço para aperfeiçoar os seus padrões de pensamento habituais e inconscientes, programando o subconsciente para vivenciar e produzir mais o que você quer na vida. Você conseguirá desenvolver a confiança de que é capaz de criar o que deseja para sua vida daqui em diante, independentemente do seu passado.

68    O MILAGRE DA MANHÃ

Isso pode parecer contraintuitivo, mas nem é necessário acreditar nisso no começo. Na verdade, você provavelmente não vai acreditar mesmo. Você pode achar que tentar estabelecer a crença de que é possível ser melhor do que já foi antes parece esquisita e falsa. Isso é de se esperar, mas logo você vai conseguir substituir as lutas e limitações do passado por opções e oportunidades inspiradoras para o futuro.

## Causa 2: falta de propósito

Se você perguntar a uma pessoa comum qual seu objetivo na vida, poderá receber um olhar estranho ou uma resposta como: "Nossa, sei lá. Só estou tentando viver cada dia." E se eu perguntasse isso a você? Qual seria a sua resposta?

O nosso propósito na vida é o "porquê" subjacente que nos impele a acordar de manhã e fazer tudo o que podemos para conquistar o que desejamos na vida. As pessoas que sabem o seu propósito na vida têm um nível maior de clareza que lhes permite agir de modo decisivo a cada dia. No entanto, a maioria de nós nunca foi ensinada a identificar esse propósito, então é compreensível que muitos não saibam defini-lo.

Embora o propósito seja uma das considerações mais importantes da vida, o conceito pode não ter sido apresentado a nós por nossos pais e definitivamente não é abordado na maioria das escolas. Com isso, geralmente nos concentramos em apenas tentar viver mais um dia, seguindo o caminho de menor resistência e buscando prazeres rápidos e de vida curta enquanto evitamos qualquer dor ou desconforto que nos permitiria crescer e evoluir.

Se você quiser atingir seu verdadeiro potencial, saber qual é o seu propósito na vida pode fazer toda a diferença. Ter um propósito claro e definido na vida significa ter objetivos e um rumo, servindo como motor e sistema de navegação que motivam seus pensamentos e ações ao longo dos dias. O seu propósito vai agilizar o processo de decisão e ajudar você a seguir na direção certa de modo consistente.

## Solução 2: escolher um propósito na vida

Eu entendo que definir o seu "propósito na vida" pode parecer meio intimidador, mas tenho uma boa notícia: você não precisa descobri-lo, pode simplesmente criar um propósito. *E* você também pode mudá-lo a qualquer momento. O seu propósito pode ser qualquer modo de ser e/ou servir os outros que inspire você a acordar todos os dias e viver de acordo com a pessoa em quem você quer se transformar. Pode ser uma forma geral de ser/servir como "virar a melhor versão de mim e ajudar outras pessoas a fazer o mesmo" ou "apreciar cada momento desta vida que fui abençoado para viver e ser uma fonte de alegria para os outros". Também pode ser algo mais específico, como "fornecer segurança financeira para minha família" ou "levar água potável para milhões de pessoas". Não existem respostas erradas para essa pergunta.

O seu propósito na vida não precisa ser grandioso. Nem todo propósito tem que terminar com "e mudar o mundo". O seu propósito tem o objetivo de inspirar e trazer à tona o melhor de *você* todos os dias, não necessariamente mudar o mundo. Mas são os que fazem a escolha de identificar e viver de acordo com seu propósito que geralmente têm o maior impacto em outras pessoas.

O seu propósito na vida pode e provavelmente vai mudar ou evoluir ao longo do tempo. À medida que você continua crescendo e evoluindo, o mesmo acontece com seu propósito. O que você escolhe hoje não é uma verdade absoluta. Saber que você não está se comprometendo com um propósito pelo resto da vida pode facilitar a definição de um propósito agora. Gosto de pensar que escolher um propósito para a vida é como experimentar e comprar roupas. Veja como fica em você e como você se sente com ele, use-o enquanto servir e tenha abertura para fazer mudanças quando necessário. Veja alguns exemplos de propósitos de vida que adotei ao longo dos anos:

- *Ser a pessoa mais positiva que conheço.* (19 anos)
- *Agregar valor à vida de cada pessoa que eu conseguir de forma abnegada.* (25 anos)

# 70 O MILAGRE DA MANHÃ

- *Virar a pessoa que preciso ser para criar tudo o que desejo para minha vida e ajudar os outros a fazer o mesmo.* (29 anos)
- *Ajudar a elevar a consciência da humanidade, uma pessoa por vez, começando por elevar a minha consciência.* (42 anos)

Você pode notar que todas essas declarações de propósito de vida falaram em virar uma versão melhor de mim ou ajudar os outros a fazer o mesmo.

Particularmente, eu acredito que o maior presente que podemos dar a outra pessoa é atingir nosso potencial para mostrar a elas o que é possível, liderar pelo exemplo e ajudá-la a atingir o potencial dela. Eu imagino que, se cada pessoa estiver lutando para atingir seu potencial completo e ajudar outras a fazer o mesmo, teríamos uma sociedade muito mais feliz, realizada e produtiva. Mas isso sou eu. O seu propósito pode ser outro — ser o pai ou mãe que seus filhos merecem ou conquistar a liberdade financeira. De novo, não existem respostas erradas para essa pergunta.

## Causa 3: isolar incidentes

Uma das causas mais comuns, mas não tão óbvias, da mediocridade é o conceito de isolar incidentes. Isso acontece quando presumimos erroneamente que cada escolha e cada ação individual que fazemos só afeta aquele momento ou circunstância específica. Por exemplo, podemos pensar que não há nada errado em perder um dia de exercício físico, procrastinar um projeto ou comer fast-food porque recomeçaremos amanhã. Nós cometemos o erro de pensar que pular aquele dia de exercício só afeta aquele dia e faremos uma escolha melhor da próxima vez. Mas, ao fazer isso, não estamos vendo o todo.

Os impactos e consequências reais das nossas escolhas, ações e até dos nossos pensamentos são monumentais, porque cada pensamento, escolha e ação determina a pessoa em quem estamos nos transformando, que, no fim das contas, vai determinar a qualidade da nossa vida. Como disse T. Harv Eker no livro *Segredos da mente milionária*, "Você faz uma coisa do mesmo modo como faz todas as outras coisas".

Sempre que você escolhe o mais *fácil* (tudo que esteja desalinhado com seus valores ou com a busca por seus objetivos) em vez do que é *certo* (tudo que estiver alinhado com seus valores e deixar você mais próximo de seus objetivos), está moldando sua identidade para ser alguém que faz o que é fácil em vez do que é certo. Por outro lado, quando você escolhe cumprir seus compromissos, especialmente quando não *sente vontade*, você está desenvolvendo a disciplina extraordinária de que precisa para criar resultados extraordinários em sua vida (o que, infelizmente, a maioria das pessoas escolhe não desenvolver).

## Solução 3: prestar atenção no impacto de suas escolhas

Devemos parar de isolar incidentes na mente e começar a ver o quadro geral. Perceber que cada escolha afeta a pessoa em quem você vai se transformar, que determina a vida que você será capaz de criar. Quando você se mantém atento a essa perspectiva, passa a levar o alarme mais a sério. Quando o despertador tocar de manhã e você ficar tentado a apertar o botão de soneca, começará a pensar. *Espera aí, essa não é a pessoa que eu quero ser, que não tem disciplina suficiente nem para sair da cama de manhã. Vou levantar agora porque tenho o compromisso de _____ (acordar cedo, conquistar meus objetivos, me transformar na pessoa que preciso ser para criar o que desejo para minha vida etc.).*

Pense o seguinte: a pessoa em quem você vai se transformar é muito mais importante do que qualquer coisa que esteja fazendo e é exatamente o que você faz que determina a pessoa em quem você vai se transformar.

## Causa 4: falta de responsabilização

A responsabilização é o ato de ser responsável perante outra pessoa por alguma ação ou resultado, e a ligação entre responsabilização e conquistas é irrefutável. Pense que as pessoas mais bem-sucedidas, de executivos e CEOs

## 72 O MILAGRE DA MANHÃ

passando por atletas profissionais e artistas de alto nível aceitam um alto grau de responsabilização. Isso os impulsiona a agir e produzir resultados extraordinários, especialmente quando eles não sentem vontade de estar presente. A responsabilização traz à tona o melhor nas pessoas.

Pense também que a maioria dos resultados positivos que você e eu produzimos do nascimento até os 18 anos de vida só foi possível graças à responsabilização feita pelos adultos em nossa vida (pais, professores, chefes etc.). Legumes e verduras foram comidos, o dever de casa foi feito, dentes foram escovados, banhos foram tomados e formos dormir em um horário razoável. Se não fosse essa responsabilização fornecida por esses adultos, seríamos crianças malnutridas, sem instrução, dormindo mal e sujas.

Pense em uma ocasião em que alguém estava esperando para encontrar você em algum lugar e você não estava com vontade de ir. Talvez fosse para treinar na academia ou jantar fora e se não fosse pelo fato de que eles estavam esperando você chegar, você teria ficado em casa. Não temos sempre mais probabilidade de cumprir nossos compromissos quando precisamos responder a alguém?

A realidade é que a responsabilização trouxe ordem para nossa vida e nos permitiu progredir, melhorar e conquistar resultados que não seriam possíveis de outra forma. O problema é que a maioria de nós tende a resistir ou rejeitar totalmente a responsabilização. Fazemos isso porque nunca foi algo que pedimos. Foi algo que os adultos forçaram sobre nós. Nenhuma criança jamais disse: "Oi, mãe, será que você pode me fazer um favor e pegar no meu pé para que eu escove os dentes e mantenha outros hábitos positivos em minha vida? Obrigado."

Como acontece com a maioria das coisas que fomos obrigados a fazer, nós passamos a detestar a responsabilização. Então, quando completamos 18 anos, aproveitamos cada pedacinho de liberdade que podemos e continuamos evitando a responsabilização como o diabo foge da cruz. Essa atitude em relação à responsabilização perpetua o caminho que nos leva à mediocridade, por sua vez nos levando a desenvolver mentalidades e hábitos deletérios, como preguiça, procrastinação, fuga da responsabilidade e, em geral, fazer o mínimo para sobreviver. Claro que tudo isso não combina com atingir nosso potencial ilimitado.

Veja este livro, por exemplo. A realidade é que a maioria das pessoas que lê livros de não ficção nunca coloca em prática o que aprendeu, porque não tem ninguém cobrando. Imagino que você esteja consciente do que estou falando. Você já terminou de ler um livro que tinha informações capazes de mudar sua vida e a única ação que fez foi escolher o próximo livro a ser lido? Pois é, eu também. Existe um jeito de mudar isso.

## Solução 4: reestabelecer a responsabilização em sua vida

Agora que estamos crescidos e lutando para conquistar sucesso e realização, devemos aceitar a responsabilização de volta em nossa vida. Para isso, assuma a responsabilidade por iniciar a sua estratégia de responsabilização (ou volte a morar com seus pais). Sua estratégia de responsabilização pode ser tão simples quanto procurar um amigo, familiar, colega de trabalho, qualquer pessoa que possa dar apoio para que você cumpra seus compromissos, e convidá-la para ser sua parceira de responsabilização. Ou, se você quiser levar isso a outro patamar e trabalhar com alguém treinado na habilidade de responsabilizar, pode contratar um coach profissional.

Para alavancar o poder da responsabilização na sua vida e ajudar você a colocar em prática o seu novo ritual do Milagre da Manhã, recomendo reservar alguns minutos para pensar em quem você poderia pedir para ser seu parceiro de responsabilização. Estou sugerindo que você faça isso agora, enquanto estiver lendo este livro, para que, ao chegar ao capítulo 10, você tenha alguém para oferecer apoio e estímulo.

Se você estiver pensando *Ninguém que conheço faria isso por mim*, pense que você realmente não sabe qual o estado emocional e mental de alguém, o que a pessoa está enfrentando internamente ou se ela está pronta (ou desesperada) para mudar.

Caso você se sinta mais confortável com várias pessoas, pode formar um pequeno grupo de responsabilização. Eu já fiz isso convidando alguns colegas para uma chamada em grupo semanal a fim de nos responsabilizar e apoiar na conquista de nossos objetivos individuais. O resultado foi que nós cinco tivemos o melhor ano de nossa carreira, e pudemos mensurar isso.

Se você não tiver uma pessoa em mente ou estiver convencido de que ninguém que conhece estaria disposto a ser seu parceiro de responsabilização, você sempre pode procurar na Comunidade *The Miracle Morning* na internet. Isso é bem comum por lá. Para conseguir um parceiro de responsabilização com rapidez e facilidade, publique algo simples e direto, como: "Eu comecei agora a ler *O milagre da manhã* e estou buscando um parceiro de responsabilização para que a gente possa se ajudar durante a jornada de trinta dias. Estou no Brasil, então entre em contato se você topar. Obrigado!" Tenha em mente que qualquer pessoa que responder provavelmente é o tipo de pessoa que você quer ter em seu círculo de influência!

Para ser bem claro, não é necessário ter um parceiro de responsabilização para começar a jornada do Milagre da Manhã em trinta dias. Eu não tinha quando fiz a minha. Contudo, reestabelecer a responsabilização consistente em sua vida pode ser uma das formas mais eficazes de sair da zona de conforto e levar seus resultados (em qualquer área) a outro patamar. Então, recomendo fortemente que você se comprometa a reservar de dez a 15 minutos, faça uma lista de possíveis parceiros de responsabilização e pense em convidá-los para a jornada do Milagre da Manhã com você.

## Causa 5: círculo de influência medíocre

Lá vem essa palavra de novo: medíocre. Lembre-se do contexto: ser medíocre é definido como *se contentar com menos do que você deseja e é capaz de fazer*, algo que todos nós enfrentamos. Dito isso, acho que muitas vezes subestimamos a importância de nossas companhias por não sabermos o impacto que o círculo de influência tem em nossa saúde mental, qualidade de vida, nível de sucesso e quase todos os aspectos da vida. Vamos reservar alguns momentos para pensar nisso com carinho.

Jim Rohn ficou famoso por dizer: "Você é a média das cinco pessoas com quem mais convive." Embora esse princípio seja bom, acho que o número é um tanto arbitrário. Por exemplo, se você passa a maior parte do tempo com apenas uma pessoa, o jeito de pensar, o estado emocional e os hábitos desse indivíduo vão afetar você, influenciando o seu jeito de pensar, estado emocional e hábitos.

Se as pessoas com quem você mais convive estão felizes e têm inteligência emocional, então você provavelmente vai ser mais feliz e terá mais inteligência emocional só de estar na presença delas. Se os integrantes do seu círculo mais próximo valorizam a alimentação saudável, vocês provavelmente não vão marcar um encontro no McDonald's. Se você convive com pessoas de renda substancial que sabem lidar com dinheiro, mesmo que você entre no círculo delas ganhando bem menos, o jeito delas de pensar e ganhar dinheiro certamente vai "passar" para você e aumentar seu nível de sucesso financeiro.

Por outro lado, se as pessoas com quem você mais convive estão infelizes, pouco saudáveis, emocionalmente instáveis, reclamam o tempo todo e consistentemente se contentam com a mediocridade (menos do que são capazes de fazer), isso vai influenciar o seu modo de agir em todos esses aspectos. Se as pessoas com quem você convive não estão se empenhando para melhorar de vida, elas não vão desafiar ou inspirar você a fazer melhor.

## Solução 5: melhorar seu círculo de influência

Ser decidido e proativo na busca por pessoas com as mesmas ideias que você, que partilham de seus valores e estão em caminhos semelhantes ao seu é uma das formas mais eficazes de melhorar de vida. Infelizmente, muitos leitores estão prontos para se aperfeiçoar, mas estão cercados de pessoas que não estão lutando para melhorar em nada. Isso pode ser particularmente difícil quando essas pessoas são seus familiares ou parceiro romântico.

O MILAGRE DA MANHÃ

Embora você não possa controlar o que os outros fazem, pode controlar o que você faz. No fim das contas, é preciso decidir o que você vai se comprometer a ser (positivo, bem-sucedido, feliz, corajoso, generoso etc.) e como você vai viver, não importa como as pessoas mais próximas de você escolham ser e viver. Em outras palavras, melhorar seu círculo de influência começa melhorando a si mesmo. Da mesma forma que as pessoas com quem você convive influenciam o seu modo de pensar e ser, suas atitudes influenciam as pessoas ao seu redor.

Conforme pratica o Milagre da Manhã e eleva sua consciência, ficando mais atento e decidido sobre a forma pela qual seus pensamentos palavras e ações afetam você e as pessoas ao seu redor, você naturalmente vai notar e se atrair por pessoas que estão no mesmo nível de consciência. Mas essas pessoas geralmente não caem no seu colo. É preciso procurar ativamente quem pensa da mesma forma que você e vai contribuir para sua evolução pessoal. Encontre pessoas positivas e proativas, que acreditem em você e vão apoiar e encorajá-lo, melhorando a qualidade da sua vida apenas pelo fato de estar perto delas.

Diz o senso comum que a "desgraça alheia atrai atenção", mas o mesmo vale para a mediocridade. Não deixe os medos, inseguranças e crenças limitantes de outras pessoas limitarem o que é possível para você. Uma das coisas mais importantes com que você pode se comprometer é melhorar seu círculo de influência de modo contínuo e proativo. Sempre procure pessoas que vão agregar valor à sua vida e trazer à tona o que há de melhor em você. E, claro, você precisa fazer o mesmo por outras pessoas.

## Causa 6: falta de desenvolvimento pessoal

Embora todos os seres humanos nasçam com a motivação e o desejo de atingir seu potencial máximo e criar a vida mais significativa possível, a maioria não está investindo tempo diário para desenvolver de modo consistente as qualidades e características que vão nos permitir criar essa vida. Como consequência, nós involuntariamente vivemos uma luta diária para

O CHOQUE DE REALIDADE DOS 95%    77

atingir os níveis de saúde, felicidade, amor, confiança, segurança financeira e sucesso que realmente desejamos.

Pense que, quando você não consegue arrumar tempo para desenvolvimento pessoal, pode ser obrigado a enfrentar sofrimento indesejado. Lembre-se da filosofia de Jim Rohn, que me inspirou a criar o Milagre da Manhã: "O seu nível de sucesso raramente ultrapassará seu nível de desenvolvimento pessoal, pois o sucesso é algo que você atrai pela pessoa que você se torna." De certa forma, essa é a essência do Milagre da Manhã: transformar o desenvolvimento pessoal em prática diária.

## Solução 6: desenvolver um ritual diário de desenvolvimento pessoal

O desenvolvimento pessoal é a prática do autoaperfeiçoamento. Seu nível de desenvolvimento pessoal é uma avaliação geral da sua mentalidade atual, de seu conhecimento, habilidades, crenças, hábitos e por aí vai. Estabelecer e se comprometer com um ritual diário de desenvolvimento pessoal vai permitir que você aprenda, cresça e evolua continuamente para se transformar na pessoa que precisa ser a fim de criar a vida que deseja e apreciar a vida que tem.

Uma vida melhor está disponível para você, não importa o que aconteceu no seu passado, porque uma versão melhor de você também está disponível. A chave para essa vida é desenvolver a mentalidade, as habilidades e os hábitos necessários para criar e viver essa vida de modo consistente. O Milagre da Manhã é um ritual diário que garante um tempo para o desenvolvimento pessoal de modo que você possa se desenvolver e se transformar continuamente na pessoa que está lutando tanto para ser. À medida que você melhora, a vida melhora.

## Causa 7: falta de urgência

A causa subjacente do potencial não atingido que impede as pessoas de fazer melhorias significativas na qualidade de vida é não ter uma noção inerente de urgência para fazer qualquer coisa diferente. A menos que estejamos enfrentando uma emergência, é da natureza humana adiar tudo o máximo possível.

Tendemos a viver com a mentalidade de "algum dia" e supomos erroneamente que a vida vai se resolver (se você for otimista) ou que nem vale a pena tentar (se você for pessimista). De qualquer modo, essa mentalidade do algum dia é perpétua e leva a uma vida de procrastinação, potencial não atingido e arrependimento. Algum dia nunca é hoje e, com isso, o tempo de fazer mudanças significativas nunca chega. Sem a urgência, nós nos vemos acordando um dia e questionando o que raios aconteceu. Como a vida chegou *a esse ponto*? Como *nós* chegamos a esse ponto?

## Solução 7: fazer com que todo dia seja o mais importante da sua vida

Todos nós já vivemos a dor do arrependimento por ter pensado e se convencido de ser, fazer ou ter menos do que somos capazes. Os dias medíocres viram semanas, que viram meses, que viram anos.

Agora devemos aceitar a perspectiva de que o *hoje* importa mais do que todos os outros dias porque o que escolhemos fazer a cada dia é o que determina em quem estamos nos transformando e o que seremos capazes de fazer amanhã. Se fizermos boas escolhas hoje, seremos mais capazes de fazer boas escolhas amanhã.

Por outro lado, se você não assumir o compromisso *hoje* de se desenvolver para se transformar na pessoa que precisa ser a fim de criar a vida nível 10 que você e as pessoas que você ama merecem, por que você acha que amanhã, na próxima semana, mês ou ano vai ser diferente? Provavelmente não vai. É por isso que você precisa fazer a escolha consciente de manter a noção de urgência para fazer cada dia valer a pena.

## Passo 3: estabeleça seu limite

Neste capítulo, identificamos sete causas de mediocridade e mostramos as formas de superá-las. Reconhecemos o fato de que a sociedade nos condicionou a aceitar menos do que somos capazes de ser, fazer e ter. Você agora sabe muito bem que a maioria das pessoas tem dificuldade para criar a vida que deseja e que, se você e eu não nos comprometermos a pensar e viver de modo diferente da maioria, há uma boa chance de nós também acabarmos inevitavelmente resignados e em dificuldade.

Este terceiro passo é vital para superar a mediocridade: *decida* e escolha o que você vai começar a fazer de modo diferente a partir de hoje. Não amanhã ou na próxima semana, mês ou algum dia. Sua vida inteira muda quando você decide que não está mais disposto a aceitar menos do que é capaz de ser, fazer e ter. Se ainda não fez isso, deixe que *hoje* seja esse dia para você — o dia que você escolheu como o mais importante de sua vida porque a pessoa em quem você está se transformando, com base nas escolhas que fez e em suas ações, determinará quem você vai ser pelo resto da vida.

Independentemente de perceber ou não, você já está elevando sua consciência ao ficar mais ciente e decidido sobre a forma pela qual seus pensamentos, palavras e ações afetam você e as pessoas ao seu redor. Portanto, você já está no caminho para se transformar na pessoa que precisa ser a fim de criar a vida que merece.

Então vamos para o próximo passo nessa jornada e pensar em uma pergunta importante...

*Capítulo 4*

# Por que você saiu da cama esta manhã?

*Você precisa acordar toda manhã com determinação se quiser ir dormir com satisfação.*

— GEORGE LORIMER

*O primeiro ritual que você deve fazer durante o dia é o que tem maior alavancagem, porque tem o efeito de preparar sua mente e criar o contexto para o resto do seu dia.*

— EBEN PAGAN

Por que você se deu ao trabalho de se levantar da cama hoje de manhã? Pense a respeito por um segundo. Por que você acordou na hora em que costuma acordar? Por que você saiu do conforto da sua cama quentinha e aconchegante? É porque você *quer* ou por que você *precisa* fazer isso?

Se você for como a maioria das pessoas, então acorda com o toque incessante do alarme a cada manhã e se arrasta relutantemente para fora da cama porque *precisa* estar em algum lugar, fazer algo, cuidar de outra pessoa. Nós apertamos o botão de soneca e resistimos ao ato inevitável de despertar, sem saber que essa resistência envia mensagens desestimulantes

POR QUE VOCÊ SAIU DA CAMA ESTA MANHÃ? 81

ao nosso subconsciente, como "Eu não tenho disciplina nem para sair da cama, que dirá para fazer o necessário para mudar de vida".

Se você pudesse escolher entre ficar na cama pelo máximo de tempo possível e sair da cama para começar o dia em condições ideais (porque geralmente não sentimos que temos escolha em relação a isso), a maioria das pessoas preferiria ficar na cama.

## Cochilou, dançou: a verdade sobre acordar

O dito popular "cochilou, dançou" pode ter um significado mais profundo do que qualquer um de nós tenha se dado conta. Quando resistimos a acordar e adiamos o ato de sair da cama, estamos resistindo ao mesmo tempo à oportunidade de acordar e criar a vida que supostamente desejamos. Quando reagimos ao som do alarme com um diálogo interno do tipo "Ah, não, já é de manhã. Preciso levantar, mas não quero", também estamos dizendo a nós mesmos (e ao universo, se você acredita nisso): "Eu sei que eu *digo* que quero me aperfeiçoar e mudar de vida, mas o que eu quero mesmo é ficar aqui dormindo por mais um tempinho." Pense no tipo de mentalidade nada produtiva que estamos personificando ao começar o dia com essa resistência.

Apertar repetidamente o botão de soneca também tem um impacto fisiológico inevitável. De acordo com Robert S. Rosenberg, diretor do Centro de Distúrbios do Sono de Prescott Valley em Flagstaff, Arizona, "quando você aperta o botão de soneca várias vezes, está se afetando negativamente de duas formas. Primeiro, está fragmentando o pouco sono extra que está conseguindo, então ele será de má qualidade. Segundo, está começando a se colocar em um novo ciclo do sono que não terá tempo para terminar. Isso pode resultar em uma sonolência persistente ao longo do dia".

Muitas pessoas que sentem dificuldade para sair da cama quando toca o alarme dizem que a manhã é a hora mais difícil do dia. Elas acordam se

## 82 O MILAGRE DA MANHÃ

sentindo estressadas em relação a algum aspecto da vida ou à vida em geral e, por isso, adiam o ato de sair da cama o máximo possível. Para algumas pessoas, é um emprego ao qual se sentem obrigadas a ir ou um relacionamento que está fracassando. Algumas pessoas se sentem assim devido à depressão crônica e sua capacidade de oprimir a mente, as emoções e o coração sem um motivo específico.

Independentemente do motivo, não começar a manhã com intenção e propósito pode ter um impacto negativo na saúde mental e no bem-estar emocional, virando um círculo vicioso: nós acordamos nos sentindo desesperados, passamos o dia ruminando pensamentos e emoções estressantes, deitamos na cama sentindo ansiedade ou depressão, depois repetimos o ciclo da melancolia no dia seguinte.

Por outro lado, ter um ritual de desenvolvimento pessoal que faz você começar o dia com intenção, propósito e otimização quebra esse ciclo. Em vez de dormir se sentindo estressado e preocupado em acordar para enfrentar seus problemas, agora você vai para a cama todas as noites sentindo esperança e animação para começar o dia com práticas comprovadas de melhoria de vida. Ter um ritual matinal é uma espécie de amortecedor para enfrentar os desafios da vida. Em vez de acordar e imediatamente se sentir estressado e sobrecarregado, você começa o dia em um estado mental, físico, emocional e espiritual ideal, que vai lhe permitir gerenciar circunstâncias difíceis, curtir a vida e conquistar seus objetivos de modo mais eficaz.

## De quantas horas de sono realmente precisamos?

Na primeira edição de *O milagre da manhã*, eu falhei em não enfatizar a importância de ter um sono adequado. Eu meio que dourei a pílula, mas o sono é uma das ferramentas mais importantes para otimizar nossa saúde física, mental e emocional. Nós vamos mergulhar bem mais nesse tópico no capítulo 11, mas acho que é importante abordar o assunto neste momento.

Quando o assunto é a quantidade de horas de sono de que precisamos para ter o melhor desempenho, os especialistas alegam que não existe um número universal que se aplique a todos. As diretrizes da National Sleep Foundation dizem que os adultos saudáveis precisam de sete a nove horas de sono por noite. Os bebês, crianças mais novas e adolescentes precisam de ainda mais sono para permitir seu crescimento e desenvolvimento. E pessoas acima de 65 anos também devem dormir de sete a oito horas por noite.

A quantidade de horas ideal para você é influenciada por variáveis como idade, genética, saúde geral, exercícios físicos (ou a falta deles), dieta, nível de estresse e rituais noturnos (incluindo se você faz sua última refeição muito perto da hora de dormir), só para citar alguns. Embora você talvez esteja em seu melhor mesmo dormindo de seis a sete horas, alguém pode descobrir que precisa de oito ou nove horas de sono para estar bem disposto.

Como a idade e a genética estão fora do nosso controle, acho muito mais útil nos concentrarmos nos fatores que podemos controlar, principalmente a dieta, os exercícios físicos e os rituais noturnos. Por exemplo, se a sua dieta é composta por alimentos processados, conservantes, corantes, sabores artificiais, pesticidas e excesso de açúcar e carboidratos, então seu corpo pode precisar de mais sono para lidar com os efeitos prejudiciais desses alimentos e eliminar as toxinas que você consumiu. Do mesmo modo, se você comer muito perto da hora de dormir (entre uma e duas horas antes), estará ocupando o corpo com o fardo da digestão durante o sono em vez de dar a ele um período sem interrupções para descansar e se recuperar.

Por outro lado, se você tem uma dieta composta principalmente por alimentos integrais, saudáveis e densos em nutrientes, como frutas, vegetais e carnes orgânicas, e fizer a última refeição algumas horas antes de dormir (dando ao corpo um tempo para digerir adequadamente a última refeição do dia), então ele será capaz de descansar e se recuperar com muito mais

**84** O MILAGRE DA MANHÃ

facilidade. A pessoa que faz uma dieta saudável quase sempre terá mais disposição e funcionará melhor do que a pessoa que come mal, mesmo se dormir menos.

Já que existe uma variedade tão grande de evidências contraditórias de inúmeros estudos e especialistas, e já que a quantidade de sono necessária varia de pessoa para pessoa, não vou tentar defender que haja uma única abordagem *correta* para o sono.

Em vez disso, vou compartilhar meus próprios resultados na vida real, a partir da experiência pessoal e da experimentação e depois de estudar os hábitos de sono de algumas das maiores mentes da história. Advirto que uma parte disso pode ser relativamente controversa.

## Como acordar se sentindo mais disposto

Experimentando várias durações de sono, descobri algo meio inesperado: como nos sentimos de manhã é vastamente afetado pela nossa *crença* pessoal sobre a quantidade de sono de que precisamos e como vamos nos sentir de manhã. Em outras palavras — e esta é uma distinção importante —, a maneira como nos sentimos ao acordar se baseia não apenas em quantas horas de sono tivemos, mas também em quanto sono nós acreditamos ser necessário e como dizemos a nós mesmos que vamos nos sentir de manhã.

Por exemplo, se você *acredita* que precisa de oito horas de sono para se sentir descansado, mas está indo para a cama à meia-noite e tem que acordar às 6 da manhã, na certa dirá para si mesmo: "Nossa, vou ter apenas seis horas de sono esta noite. Vou me sentir exausto de manhã." Então, o que acontece assim que o seu alarme toca e você percebe que é hora de acordar? Qual a primeira coisa que você pensa? Geralmente é o mesmo que você pensou antes de dormir: "Exatamente como previ: só dormi seis horas e estou exausto." É uma profecia autorrealizadora e autossabotadora. Se você diz para si mesmo que vai se sentir cansado de manhã, não importam as

POR QUE VOCÊ SAIU DA CAMA ESTA MANHÃ? **85**

horas de sono que tenha dormido, você estará se programando para isso. Se acredita que precisa de oito horas de sono para se sentir descansado, não vai se sentir descansado com nada menos do que isso. Mas e se você mudasse suas crenças?

Desenvolver uma compreensão básica da conexão mente-corpo (que os cientistas chamam de "paradigma biopsicossocial") tem sido cada vez mais útil, pois as pesquisas continuam provando que os pensamentos, sentimentos, crenças e atitudes podem afetar nosso funcionamento biológico de modo positivo ou negativo. O cérebro e o corpo são conectados através de caminhos neurais e a comunicação ocorre por meio de mensageiros químicos e físicos, como neurotransmissores e hormônios. São esses mensageiros que transmitem sinais entre o corpo e o cérebro para controlar nossas funções diárias, como respiração, digestão, frequência cardíaca, sensações de dor, pensamentos e emoções. Isso significa que seus pensamentos e emoções são, na verdade, processos físicos e têm um efeito significativo nos sistemas do corpo. Contudo, você não precisa de um estudo científico para saber que, se você dorme estressado e sobrecarregado, acaba acordando estressado e sobrecarregado.

Pessoalmente tive várias experiências que mostraram o poder fisiológico que somos capazes de exercer quando usamos a conexão mente-corpo com intenção e consciência. Após meu acidente de carro, os médicos diziam que eu nunca mais voltaria a andar. Contudo, escolhi acreditar que seria capaz disso. Eu meditava, visualizava meu corpo se curando e me via andando, além de afirmar, com fé e otimismo inabaláveis, que andaria de novo. E, três semanas após o acidente de carro no qual fraturei a perna e a pélvis em vários lugares, os médicos ficaram desnorteados quando um exame de raios X de rotina mostrou que meu corpo tinha se curado além do que acreditavam ser possível. Naquele mesmo dia dei meu primeiro passo. Essa experiência me levou a estudar a conexão mente-corpo para entendê-la e aplicá-la melhor.

Há alguns anos, tive a oportunidade de entrevistar o famoso cirurgião oncológico e autor de best-sellers Dr. Bernie Siegel. Segundo ele, dos mi-

## 86 O MILAGRE DA MANHÃ

lhares de pacientes com câncer que ele tratou em mais de quarenta anos de carreira, o único ponto que quase todos os sobreviventes tinham em comum era a mentalidade, mais especificamente a crença na capacidade de se curar. Ele trabalhou com muitos pacientes que, pela estatística, *não* deveriam ter sobrevivido, e o único ponto em comum era que estes tinham uma crença inabalável na própria sobrevivência, mesmo com as chances totalmente contra eles. Ele também disse que viu diversos pacientes com cânceres muito menos mortais desistirem de acreditar que iriam se curar e infelizmente não sobreviverem.

Baseado em pesquisas científicas, nas experiências de outras pessoas e na minha experiência, eu entendo que, se podemos usar a mente para desafiar as probabilidades e superar doenças aparentemente insuperáveis, então também podemos usar a mente para influenciar a qualidade do nosso sono e como nos sentimos pela manhã. Para testar essa teoria, eu experimentei várias durações de sono entre quatro e nove horas. A única outra variável nesse meu experimento foi a intenção sobre o sentimento que teria na manhã seguinte com base na quantidade de horas que dormi. Primeiro eu disse a mim mesmo logo antes de dormir que *não* estava dormindo o suficiente e iria acordar exausto no dia seguinte. Definir essa crença antes de dormir virou uma profecia autorrealizável.

Com quatro horas de sono, acordei me sentindo exausto.

Com cinco horas de sono, acordei me sentindo exausto.

Com seis horas de sono, você adivinhou — exausto.

Sete horas, oito horas, nove horas... A quantidade de horas que eu dormia não mudava a maneira como eu me sentia quando o alarme tocava. Desde que eu dissesse para mim mesmo que não dormiria o bastante, e que me sentiria cansado de manhã, era exatamente como me sentia.

Depois fiz o mesmo experimento com uma intenção diferente. Recitei a seguinte afirmação empoderadora antes de dormir para acordar cheio de disposição e empolgando no dia seguinte, independentemente das horas de sono que eu tivesse:

**Sou grato por conseguir ter \_\_\_\_ horas de sono hoje. Meu corpo e mente são capazes de proezas extraordinárias, e a menor delas é gerar uma abundância de energia com \_\_\_\_ horas de sono. Sei que minha mentalidade influencia a biologia, então escolhi acordar amanhã cheio de disposição e empolgado para fazer o Milagre da Manhã.**

Não importava se eu dormia nove, oito, sete, seis, cinco ou até mesmo apenas quatro horas de sono, desde que eu decidisse conscientemente, antes de deitar, que teria a quantidade perfeita de sono — que as horas energizariam meu corpo para que eu me sentisse maravilhoso de manhã —, eu sempre acordava me sentindo melhor do que jamais me sentira. No entanto, não aceite a minha palavra. Eu o encorajo a experimentar por si mesmo.

Para ser bem claro, não estou afirmando que dizer a si mesmo que está dormindo o suficiente supera a importância de dormir o suficiente. O sono adequado e consistente é crucial para que o cérebro e o corpo funcionem em condições ideais, e a privação do sono pode ser devastadora para o bem-estar físico, mental e emocional. O que estou sugerindo é: o que você fala para si mesmo antes de dormir afeta o jeito como você se sente na manhã seguinte. Então você precisa assumir a responsabilidade e se preparar para o sucesso na hora de dormir para poder acordar de manhã cheio de disposição e empolgação, não importam quantas horas de sono você tenha tido.

Dito isso, de quantas horas de sono você *realmente* precisa? Você é quem sabe.

Vamos falar mais sobre a criação de um ritual noturno para otimizar o sono no capítulo 11. E, se você quiser mergulhar ainda mais na otimização do sono, recomendo ler *Sleep Smarter* [Durma com eficiência], de Shawn Stevenson. Além de ser um dos meus favoritos, é um dos livros mais cientificamente embasados sobre o sono.

## O segredo para fazer toda manhã parecer Natal

Lembre-se de um momento da sua vida em que você tenha ficado genuinamente empolgado para acordar de manhã. Talvez tenha sido para pegar um voo cedo para as férias que aguardava havia meses. Talvez tenha sido seu primeiro dia em um novo emprego, ou seu primeiro dia de escola. Pode ter sido o dia de seu casamento ou seu último aniversário. Para mim, quando criança, não havia momento em que eu ficasse mais empolgado para acordar de manhã — tanto faz quantas horas tivesse dormido — do que no dia do Natal. Talvez você se identifique.

Sejam quais forem as ocasiões que o tenham deixado empolgado para acordar, como você se sentia quando as manhãs chegavam? Você tinha que se arrastar para fora da cama? Duvido. Em manhãs como essas, ficamos ansiosos para acordar! Fazemos isso nos sentindo energizados e genuinamente empolgados. Tiramos rapidamente as cobertas e ficamos de pé, prontos para encarar o dia! Imagine se *todos os dias* de sua vida fossem assim? Isso pode acontecer.

O Milagre da Manhã gira principalmente em torno de recriar a experiência de acordar se sentindo energizado e empolgado e fazer isso todos os dias, pelo resto da vida! É apenas questão de reservar alguns minutos para definir sua intenção antes de dormir e decidir conscientemente como vai se sentir ao acordar na manhã seguinte. De começar o dia com propósito, não porque você *precisa*, mas porque você quer de verdade — e dedicar tempo, todos os dias, a se desenvolver a fim de se tornar a pessoa que você tem que ser para criar a existência mais extraordinária, satisfatória e abundante que é capaz de imaginar.

Mas espere um pouco. Para aqueles de nós que passam a maior parte da vida acreditando que *não* são pessoas matinais, pode haver um último obstáculo para acordar empolgado todos os dias, pronto para pular da cama e criar a vida que desejamos. Que obstáculo é esse? É a tentação quase irresistível do *botão de soneca*.

*Capítulo 5*

# A estratégia de cinco passos
# à prova de soneca

*Se você pensar de verdade a respeito, pressionar o botão de soneca de manhã nem faz sentido. É como dizer: "Odeio acordar de manhã, então faço isso de novo, de novo e de novo."*

— DEMETRI MARTIN

*Eu gostaria mais das manhãs se elas começassem mais tarde.*

— AUTOR DESCONHECIDO

*Oi, meu nome é Hal. Eu sou viciado no botão de soneca em reabilitação. Já faz 15 anos, três meses e 12 dias desde a última vez que apertei.*

Deixando a brincadeira de lado, se não fosse por esta estratégia simples de cinco passos que você vai aprender neste capítulo, eu ainda estaria viciado no hábito de pressionar várias vezes o botão de soneca e aderir a minha antiga crença limitante de que eu não era uma "pessoa matinal". Vamos aprender a superar essas duas crenças.

Ouvi dizer que ninguém realmente gosta de acordar cedo, mas todo mundo ama a sensação de ter acordado cedo. O mesmo se diz sobre os

90    O MILAGRE DA MANHÃ

exercícios físicos: que ninguém realmente gosta de se exercitar, mas todos gostam da sensação de ter se exercitado.

Embora pensar que não vamos apreciar um novo hábito possa ser verdade no começo, depois que o hábito está estabelecido e sentimos seus benefícios, não só ele fica automático e prazeroso, como também fica difícil *não* fazê-lo. Por exemplo, minha esposa tinha dificuldade para voltar a se exercitar depois de muito tempo parada, mas agora ela ama ir à academia e fica até decepcionada quando não pode ir. Eu amo acordar cedo e fazer meus Salvadores de Vida, como a maioria dos praticantes do Milagre da Manhã. O hábito ficou tão entranhado e é tão benéfico para minha qualidade de vida que o difícil é *não* fazê-lo.

Uma perspectiva que me ajudou quando comecei a acordar mais cedo foi que eu estava apenas trocando o horário noturno improdutivo por manhãs altamente produtivas. De repente, em vez de ficar até tarde vendo TV, rolando o *feed* das redes sociais, bebendo álcool ou me envolvendo em outras atividades que entorpecem a mente, eu estava tirando o excesso de gordura no final do meu dia para colher os benefícios das manhãs produtivas. O seu Milagre da Manhã não exige que você ceda em relação ao sono. Esse momento pode ser retirado dos maiores desperdícios de tempo no seu dia.

## Aumentando seu nível de motivação ao acordar

Pense na sua manhã comum. Assim que o alarme toca, se você fosse avaliar seu nível de motivação para acordar e sair da cama em uma escala de 1 a 10 (no 10, você está pronto para começar o dia; no 1, você só quer voltar a dormir), como se avaliaria? Esse número é o que chamo de Nível de Motivação ao Acordar (NMA), e acho que dá para dizer que a maioria de nós provavelmente se avaliaria perto de 1 ou 2 em vez de 10. Quando você ainda está meio dormindo, é perfeitamente natural querer pressionar o botão de soneca e continuar dormindo. Esse é o efeito da inércia do sono.

*Capítulo 5*

# A estratégia de cinco passos
# à prova de soneca

---

*Se você pensar de verdade a respeito, pressionar o botão de soneca de manhã nem faz sentido. É como dizer: "Odeio acordar de manhã, então faço isso de novo, de novo e de novo."*

— DEMETRI MARTIN

*Eu gostaria mais das manhãs se elas começassem mais tarde.*

— AUTOR DESCONHECIDO

*Oi, meu nome é Hal. Eu sou viciado no botão de soneca em reabilitação. Já faz 15 anos, três meses e 12 dias desde a última vez que apertei.*

Deixando a brincadeira de lado, se não fosse por esta estratégia simples de cinco passos que você vai aprender neste capítulo, eu ainda estaria viciado no hábito de pressionar várias vezes o botão de soneca e aderir a minha antiga crença limitante de que eu não era uma "pessoa matinal". Vamos aprender a superar essas duas crenças.

Ouvi dizer que ninguém realmente gosta de acordar cedo, mas todo mundo ama a sensação de ter acordado cedo. O mesmo se diz sobre os exercícios físicos: que ninguém realmente gosta de se exercitar, mas todos gostam da sensação de ter se exercitado.

Embora pensar que não vamos apreciar um novo hábito possa ser verdade no começo, depois que o hábito está estabelecido e sentimos seus benefícios, não só ele fica automático e prazeroso, como também fica difícil *não* fazê-lo. Por exemplo, minha esposa tinha dificuldade para voltar a se exercitar depois de muito tempo parada, mas agora ela ama ir à academia e fica até decepcionada quando não pode ir. Eu amo acordar cedo e fazer meus Salvadores de Vida, como a maioria dos praticantes do Milagre da Manhã. O hábito ficou tão entranhado e é tão benéfico para minha qualidade de vida que o difícil é *não* fazê-lo.

Uma perspectiva que me ajudou quando comecei a acordar mais cedo foi que eu estava apenas trocando o horário noturno improdutivo por manhãs altamente produtivas. De repente, em vez de ficar até tarde vendo TV, rolando o *feed* das redes sociais, bebendo álcool ou me envolvendo em outras atividades que entorpecem a mente, eu estava tirando o excesso de gordura no final do meu dia para colher os benefícios das manhãs produtivas. O seu Milagre da Manhã não exige que você ceda em relação ao sono. Esse momento pode ser retirado dos maiores desperdícios de tempo no seu dia.

## Aumentando seu nível de motivação ao acordar

Pense na sua manhã comum. Assim que o alarme toca, se você fosse avaliar seu nível de motivação para acordar e sair da cama em uma escala de 1 a 10 (no 10, você está pronto para começar o dia; no 1, você só quer voltar a dormir), como se avaliaria? Esse número é o que chamo de Nível de Motivação ao Acordar (NMA), e acho que dá para dizer que a maioria de nós provavelmente se avaliaria perto de 1 ou 2 em vez de 10. Quando você ainda está meio dormindo, é perfeitamente natural querer pressionar o botão de soneca e continuar dormindo. Esse é o efeito da inércia do sono.

A ESTRATÉGIA DE CINCO PASSOS À PROVA DE SONECA **91**

O desafio é: como você dá a si mesmo a motivação necessária para acordar cedo e criar um dia extraordinário se o seu Nível de Motivação ao Acordar está apenas no 1 ou 2 quando o despertador toca?

A resposta é de *um passo de cada vez.*

# Para você acordar: a estratégia à prova de soneca em cinco passos

Aqui estão meus cinco passos simples à prova de soneca que deixam o ato de acordar de manhã mais fácil do que nunca.

## Passo 1: estabeleça uma intenção empoderadora antes de se deitar

O primeiro passo para se preparar para uma manhã de sucesso é se lembrar do seguinte: *seu primeiro pensamento de manhã costuma ser o último pensamento que você teve antes de pegar no sono.* O mesmo vale para o seu estado mental e emocional. Se você vai para cama com pensamentos estressantes, preocupado ou sobrecarregado, provavelmente vai acordar pensando e se sentindo da mesma forma. Seja qual for o estado mental ou emocional no qual você se encontra na hora de dormir, ele influencia seu subconsciente durante o sono e afeta como você se sente ao acordar. Por isso, faz sentido ser altamente decidido sobre o que pensamos e no que focamos enquanto pegamos no sono.

O primeiro passo para acordar no melhor estado mental e emocional possível é se responsabilizar por isso e ser proativo nesse sentido. A maneira mais fácil de fazer isso é conscientemente estabelecer uma intenção empoderadora logo antes de se preparar para dormir. No capítulo 11, vamos abordar as afirmações a serem recitadas antes de dormir, além de outras ferramentas que vão fazer você terminar o dia bem preparado para o Milagre da Manhã.

O primeiro passo — definir uma intenção empoderadora antes de dormir — tem mais impacto do que você pode imaginar e não deve ser deixado de lado. Lembre-se: o seu estado mental e emocional de manhã geralmente é o mesmo estado mental e emocional em que você estava antes de dormir. Isso não pode ser esquecido. Bastam poucos minutos por noite para definir uma intenção empoderadora e acordar cheio de disposição e empolgação com o intuito de otimizar o dia.

## Passo 2: coloque seu despertador no outro lado do quarto

Essa pode ser uma das estratégias mais fáceis e eficazes para sair da cama de manhã. É só colocar o despertador o mais longe possível de onde você dorme. Eu deixo o meu na pia do banheiro. Isso garante que você saia da cama assim que o alarme toca, movimentando o corpo imediatamente. O movimento gera energia, então, quando você levanta e anda para desligar o alarme, isso naturalmente ajuda a se sentir mais desperto e se manter acordado.

Outra forma de enxergar isso é a seguinte: a cada minuto que você está acordado e de pé, o nível de motivação ao acordar aumenta. O simples ato de se preparar para sair da cama e andar pelo quarto para desligar o alarme instantaneamente vai elevar o NMA de 1 para 2 ou 3. Mas talvez você ainda não esteja pronto para começar o dia, então...

## Passo 3: escove os dentes

Eu sei, eu sei. Você provavelmente está pensando: *Sério, Hal, você está me mandando escovar os dentes? Está sugerindo que a higiene bucal resolve toda essa luta para acordar de manhã?* Não exatamente. O objetivo aqui é dar alguma atividade que você possa fazer sem pensar para manter o corpo em movimento e dar mais tempo para continuar acordando.

Após desligar o alarme, vá direto para o banheiro e escove os dentes. Enquanto estiver lá, você pode jogar um pouco de água morna (ou fria) no rosto. Essa atividade simples vai dar mais tempo para você se adaptar ao dia e continuar aumentando seu NMA de 2 para 3 ou de 3 para 4. Agora que sua boca está fresca e você está começando a acordar, é hora de se reidratar.

## Passo 4: beba um copo cheio de água

Você talvez nem perceba isso, mas, depois de seis a oito horas sem água, nós estamos levemente desidratados ao acordar, e a desidratação causa fadiga. Quando as pessoas se sentem cansadas — em qualquer horário do dia — muitas vezes, elas precisam é de mais água, não de mais sono.

Você não está se hidratando enquanto está inconsciente, e é bem documentado que perdemos até um litro de fluido durante o sono com a transpiração e expelindo vapor de água ao expirar. Portanto, é fundamental que você torne uma prioridade o ato de se reidratar assim que possível depois de acordar.

Para muitas pessoas, o café é a bebida oficial da manhã. E, embora o café tenha muitos benefícios, a reidratação não está entre eles. O café é diurético e pode causar ainda mais desidratação. Não se preocupe — você pode tomar seu café com leite de manhã. Eu só não recomendo fazer isso até ter consumido pelo menos um copo de água.

Se quiser obter mais benefícios, como repor até 84 minerais e eletrólitos essenciais, aumentar sua disposição, desintoxicar o fígado e até ajudar a perder peso (já que pesquisas mostram que se manter hidratado ajuda o corpo a acelerar o metabolismo), acrescente uma pitada de sal do Himalaia e suco de limão fresco à água. Este também fornece vitamina C, aumenta a imunidade e ajuda a se sentir rejuvenescido por dentro e por fora.

Para me lembrar de beber água assim que acordo, eu coloco um copo cheio na cabeceira da cama antes de dormir. Após escovar os dentes de manhã, eu imediatamente bebo metade dele, depois bebo o resto mais devagar.

O objetivo aqui é reidratar o corpo e a mente o mais rápido possível para compensar a água que você não bebeu durante o sono. Quando você se hidrata, o nível de motivação ao acordar continua aumentando de 3 ou 4 para 5 ou 6.

## Passo 5: vista suas roupas de academia

Por fim, vista as roupas com as quais prefere se exercitar e agora você está pronto para sair do quarto e imediatamente praticar o Milagre da Manhã,

## O MILAGRE DA MANHÃ

que vai envolver um breve período de exercícios. Esses minutos extras de se vestir sem pensar não só dão à mente e ao corpo mais tempo para acordar, aumentando o NMA para 6 ou 7, como enviam uma mensagem clara para o inconsciente e a mente consciente de que você está oficialmente acordado e pronto para o dia.

Leva apenas alguns minutos para executar essas etapas. Ao fazer isso, o seu NMA aumenta naturalmente, facilitando muito o ato de se manter acordado e gerando a energia necessária para fazer seu Milagre da Manhã. Tentar tomar essa decisão quando o alarme toca e o NMA ainda está girando em torno de um é muito mais difícil.

## Dicas bônus da Comunidade *The Miracle Morning*

Tenha em mente que, embora essa estratégia simples de cinco etapas comprovadamente funcione para diversas pessoas, essas cinco etapas não são o único jeito de facilitar o ato de acordar de manhã. Um grande benefício de participar da Comunidade *The Miracle Morning*, com integrantes de todo o mundo, é que todos estão preocupados em otimizar seus rituais, compartilhando o que deu certo e ajudando a comunidade. Aqui estão algumas dicas compartilhadas pelos integrantes da Comunidade *The Miracle Morning*.

- **Usar um alarme que vibra.** Se você dorme perto de alguém que não gosta do som do alarme de manhã, como um parceiro ou bebê, talvez tenha que ser criativo para agradar à outra pessoa. Por sorte, existem várias opções de alarmes vibratórios com dois designs principais: *techwear*, como um relógio de pulso, ou um disco vibratório que fica embaixo do travesseiro. Vá ao Google ou Amazon, procure "despertador vibratório" e veja as opções.

- **Programar o ar-condicionado ou aquecedor.** Se você tem dificuldade para sair da cama de manhã porque onde você mora é frio

## A ESTRATÉGIA DE CINCO PASSOS À PROVA DE SONECA    95

demais, essa dica pode ser útil. No inverno, uma integrante da Comunidade *The Miracle Morning* deixa um aquecedor ao lado da cama e conectado a um timer de eletrodomésticos que está programado para ligar 15 minutos antes do alarme. Assim, quando ela acordar, o quarto está quentinho e ela não fica tentada a voltar para debaixo do cobertor a fim de evitar o frio. Ela diz que fez uma grande diferença!

- **Deixar cafeína perto da cama.** Eu fiquei na dúvida se incluía essa dica na versão atualizada e expandida do livro, porque ela vai contra o que escrevi anteriormente sobre começar o dia com o café, mas veja bem. Um costume recente meu é fazer um pacote do chá verde orgânico de jasmim (é um pó bem fininho que se mistura facilmente com água a temperatura ambiente) e deixar na cabeceira da cama. Ele só precisa de 150 a 200 ml de água e fornece de 45 a 55 gramas de cafeína. O chá verde é cheio de polifenóis que têm benefícios incríveis para a saúde, além do aminoácido L-teanina, que equilibra os efeitos da cafeína. Estudos mostraram que ele também aumenta o foco e a atenção. Assim que o alarme toca, eu bebo o copo de chá verde de uma vez só. Enquanto faço o resto das etapas à prova de soneca, a cafeína está fazendo efeito, aumentando a disposição e a clareza mental. Toda ajuda é bem-vinda! Claro que logo depois do chá eu imediatamente bebo um copo de água para reidratar.

Fique à vontade para personalizar sua estratégia à prova do botão de soneca. Lembre-se: o objetivo é ter um passo a passo simples, eficaz e predeterminado, que exige esforço mínimo e deixa o ato de acordar e começar o dia o mais fácil possível.

Coloque isso em prática imediatamente! Comece *hoje à noite* mudando seu alarme de lugar para o mais longe possível, definindo uma intenção empoderadora antes de dormir, colocando um copo de água na cabeceira da cama para beber depois de escovar os dentes, preparando as roupas de ginástica e deixando tudo pronto para fazer os Salvadores de Vida, que serão abordados com detalhes no próximo capítulo.

*Capítulo 6*

# Salvadores de Vida

## Seis hábitos que vão transformar sua vida

*Sucesso é algo que você atrai pela pessoa que você se torna.*

— JIM ROHN

*Ter uma vida extraordinária é uma questão de promover melhorias diárias e contínuas nas áreas que mais importam.*

— ROBIN SHARMA

*Estressado. Sobrecarregado. Frustrado. Fracassado. Argh.* Essas são algumas palavras desagradáveis que descrevem de forma terrível, mas bastante precisa, o que a maioria das pessoas sente em relação à vida.

Claro que a vida pode ser difícil e as circunstâncias podem parecer injustas. A maioria de nós já encarou sua dose de desafios e nem todos são sortudos o suficiente para nascer em um ambiente favorável. Nem todos tivemos as mesmas oportunidades. Contudo, cada um de nós nasceu com o potencial ilimitado de se transformar na melhor versão de si mesmo. O que isso significa para você é diferente do que significa para mim e para qualquer outra pessoa, mas quem nós vamos nos tornar é o único fator que podemos controlar e no qual devemos investir tempo e energia.

SALVADORES DE VIDA   97

Embora não seja possível mudar o passado (então não vale a pena desperdiçar tempo e energia desejando isso), nós definitivamente podemos começar a fazer mudanças significativas para atingir nosso potencial a partir de agora.

## A lacuna de potencial

Você já sentiu que havia uma lacuna entre quem você é e a pessoa que poderia ser — e que você estava do lado errado dessa lacuna? Como se a vida que você quer viver e a pessoa que você precisa ser para criar essa vida estivessem fora do seu alcance? Ao ver pessoas bem-sucedidas em uma área na qual você não é, parece que elas têm informações exclusivas, pois, se você soubesse o segredo, também seria bem-sucedido nessa mesma área?

A maioria de nós vive do lado errado de uma lacuna que separa quem somos da pessoa que podemos ser. Muitas vezes ficamos frustrados com a falta de motivação, esforço e resultados consistentes. Nós passamos muito tempo *pensando* no que deveríamos fazer para criar os resultados que desejamos, mas não fazemos. A maioria de nós *sabe* o que precisa fazer, só não *fazemos* de modo consistente o que sabemos. Você se identifica com isso?

Essa lacuna varia de tamanho de pessoa para pessoa. Você pode sentir que está fazendo quase tudo o que pode para maximizar suas habilidades e que alguns ajustes poderiam fazer toda a diferença. Ou pode sentir o oposto, que está vivendo tão abaixo do seu potencial que nem sabe por onde começar. Seja qual for o caso, se você está do lado errado do Grand Canyon do seu potencial e se pergunta como vai chegar ao outro lado — ou se você começou a cruzar o penhasco, mas está empacado em uma planície e não conseguiu chegar à próxima fase —, este capítulo vai apresentar seis hábitos para que você preencha essa lacuna.

## 98 O MILAGRE DA MANHÃ

# É hora de garantir a vida que você merece viver

Quando decidi determinar qual era a prática de desenvolvimento pessoal mais eficaz e que mudaria minha vida mais rápido, eu não consegui escolher apenas uma. Na verdade, acabei com uma lista de seis: meditação, afirmações, visualização, exercícios físicos, leitura e escrita. E minha epifania veio quando pensei como seria poderoso se eu combinasse todas elas.

Alguns meses depois que comecei a escrever este livro, eu me sentia frustrado por não ter uma forma coerente e memorável de conectar, organizar e apresentar essas práticas. Um belo dia, eu fiz uma pausa na escrita e fui pedir a opinião de Ursula. Eu expressei minha frustração, e ela respondeu na mesma hora com uma possível solução (como geralmente faz): "Por que você não usa um dicionário, procura sinônimos para algumas das palavras e cria uma sigla que conecte as seis práticas e seja fácil de memorizar?" Eu adorei a ideia, disse que ela era uma gênia, dei um beijo nela e voltei ao computador. Foi assim que *meditação* virou *silêncio* e surgiu a seguinte lista:

- Silêncio
- Afirmações
- Visualização
- Exercícios físicos
- Leitura (*Reading*)
- Escrita (*Scribing*)

Assim cheguei no acrônimo S.A.V.E.R.S., que significa "Salvadores" em inglês, e me empolguei porque o acrônimo parecia adequado. Essas seis práticas tinham literalmente me salvado de não criar a vida que desejei viver. E assim surgiram os Salvadores de Vida. Embora nenhum dos itens da lista fosse novo para mim, provavelmente nem para você, essas seis práticas de desenvolvimento pessoal são atemporais e comprovadas, e muitas das pessoas mais bem-sucedidas do mundo em várias áreas as usam há séculos. Praticar de modo consistente qualquer *uma* das seis pode elevar sua consciência e ajudar você a se transformar na melhor versão de si mesmo. Combinando as seis, você canaliza os benefícios de *todas* essas práticas antigas para acelerar seu desenvolvimento e transformação pessoal.

Ao pensar nas palavras *meditação*, *afirmações* e *visualização*, pode ser que venham a sua cabeça ideias preconcebidas e algumas podem ser negativas. Muitas vezes, esses rituais atemporais foram popularizados de modo inadequado e até bobo. Por exemplo, afirmar algo que não é verdade, como "Eu sou milionário" ou mesmo "Eu sou feliz", quando você está longe disso, pode parecer artificial e uma perda de tempo. Então quaisquer ideias preconcebidas negativas que você tenha são razoáveis, mas recomendo paciência e mente aberta durante a leitura deste capítulo. Você vai descobrir que cada um dos Salvadores de Vida é apresentado de uma forma singular, que é voltada para resultados, prática e comprovadamente eficaz.

Um dos aspectos mais animadores do Milagre da Manhã é que você pode encaixar todas as seis práticas poderosas de desenvolvimento pessoal em uma rotina simples e sequencial que pode levar de seis minutos até uma hora. Apenas como referência, aproximadamente 70% dos praticantes do Milagre da Manhã reservam sessenta minutos para completar os Salvadores de Vida, cerca de 20% reservam trinta minutos e os 10% restantes passam mais ou menos tempo que isso na rotina. Independentemente de alocar seis minutos, sessenta ou qualquer outra duração para os Salvadores de Vida, você terá completado as seis práticas comprovadas de desenvolvimento pessoal antes de começar o resto do dia.

Nas próximas páginas, vamos mergulhar mais fundo em cada um dos Salvadores de Vida e vou ensinar você a combiná-los para atingir seu potencial, que poderá usar para mudar, melhorar ou transformar completamente qualquer aspecto da sua vida.

*Salvadores de Vida*

# Silêncio

---

*Na atitude do silêncio a alma encontra o caminho em uma luz mais clara, e o que é impreciso e enganoso se transforma em clareza cristalina.*

— MAHATMA GANDHI

*Você pode aprender mais em uma hora de silêncio do que em um ano de leituras.*

— MATTHEW KELLY

Nossa vida tem se tornado mais barulhenta do que nunca. Do momento em que abrimos os olhos até a hora em que deitamos na cama, a maioria de nós está excessivamente estimulada, distraída e sobrecarregada.

O silêncio é a primeira prática dos Salvadores de Vida e deve ser uma das áreas mais significativas de melhora para neutralizar nosso estilo de vida acelerado. Estou me referindo à prática diária do que chamo de silêncio *com propósito*. Com isso, quero dizer que você está se envolvendo em um período de silêncio com um objetivo altamente benéfico em mente, não só para passar o tempo. Durante períodos de silêncio com propósito, a percepção aumenta e somos preparados para vivenciar nossas intuições e ideias mais profundas.

SALVADORES DE VIDA    101

No passado, esses momentos de contemplação silenciosa faziam parte do dia a dia. Fosse esperando em uma fila, sentado no aeroporto, saindo para caminhar ou olhando pela janela de um ônibus, nós tínhamos tempo para ouvir nossos próprios pensamentos. Agora, com o advento dos celulares, esse tipo de solitude que a maioria das pessoas chama de "tédio" desapareceu. Seja porque estamos mandando mensagens, jogando, verificando e-mails, assistindo a vídeos, fazendo compras ou apenas rolando a tela distraidamente pelas redes sociais, nossos aparelhos digitais garantem que nunca mais precisaremos ficar sozinhos com nossos pensamentos. Infelizmente, parece que a sociedade moderna perdeu de vista a necessidade profunda e os benefícios de ter períodos de silêncio tranquilo e com propósito no dia a dia.

## Como você costuma iniciar as manhãs?

Você dedica tempo para buscar o equilíbrio e criar um estado mental excelente que vai durar o dia inteiro? Ou em geral deixa para acordar só quando tem algo para fazer, começa o dia pegando o celular e quase imediatamente inunda a mente com estímulos externos?

Uma pesquisa abrangente feita pela International Data Corporation (IDC) descobriu que aproximadamente 80% dos usuários de celular pegam os aparelhos até 15 minutos depois de acordar e muitos correm para o aparelho imediatamente depois de abrir os olhos. Segundo a Dra. Nikole Benders-Hadi, psiquiatra especializada em neurologia, "usar o celular logo depois de acordar é o mesmo que começar o dia com maior chance de aumentar o estresse e se sentir sobrecarregado".

Independentemente de quando você pega o celular, para a maioria de nós as manhãs são caóticas, estressantes, sem foco, improdutivas ou um pouco de tudo. Enquanto alguns correm a fim de se aprontar para o dia, outros lutam para sair da cama. Muitos de nós têm a mente bombardeada pela conversa interna e opressiva sobre o que precisamos fazer no dia, o

## 102 O MILAGRE DA MANHÃ

que não fizemos ontem, uma lista de tarefas interminável, aonde temos que ir, quem temos que ver, uma discussão recente com o cônjuge ou a preocupação com vários assuntos que estão fora do nosso controle imediato. Consequentemente, nós nos sentimos privados desse controle, perpetuando o sentimento de estresse e ansiedade.

Para outras pessoas, começar o dia de manhã pode ser uma batalha. Muitos sentem preguiça, letargia e falta de foco, podendo demorar um tempo até acordar e estarem funcionais. Este também não é o jeito mais produtivo de começar o dia e conquistar seus objetivos.

Felizmente, existe um caminho para mudar isso. O Milagre da Manhã vai garantir que você tenha um método diário para acalmar a mente e o sistema nervoso, reduzir o estresse, sentir-se em paz, melhorar o bem-estar mental e emocional e vivenciar um aumento na clareza de modo consistente, o que vai permitir a você se concentrar no que é mais importante em sua vida.

Os benefícios de ficar um tempo em silêncio têm farta comprovação ao longo dos tempos. Do poder da prece ao milagre da meditação, algumas das maiores mentes da humanidade usaram o silêncio com propósito para transcender as próprias limitações e criar resultados extraordinários. No livro *Three Simple Steps* [Três passos simples], o escritor Trevor Blake chama isso de "passar um tempo quieto":

> Nas histórias dos empreendedores, eu sou fascinado pelo fato de a maioria deles ter algum método de escapar da loucura na agenda para ficar sentado quieto em algum lugar, apenas contemplando. Eles alegam que as melhores ideias aparecem quando param de pensar no problema. Todos têm formas diferentes de descrever o processo, dependendo do que era aceitável acreditar na época. Os elementos comuns para os sistemas de criação de ideias eram: passar um tempo de contemplação individual, passá-lo longe da multidão enlouquecedora quando possível, praticar diariamente, ser feito no início do dia e ser informal.

SALVADORES DE VIDA **103**

Estas são algumas das práticas mais escolhidas para incorporar ao seu período de silêncio com propósito (sem ordem específica):

- Meditação
- Oração
- Gratidão
- Técnicas de respiração
- Contemplação

Cada uma dessas práticas vai ajudar você a acalmar a mente, criar espaço para receber a sabedoria de dentro (ou de cima) e permitir que você fique mais presente e aberto para vivenciar os benefícios que virão dos Salvadores de Vida remanescentes.

Em algumas manhãs, eu faço apenas uma das atividades listadas, mas na maioria das vezes faço mais de uma, combinando-as frequentemente. Por exemplo, quase sempre começo o Milagre da Manhã com uma prece de gratidão e depois medito por um tempo que vai de cinco a vinte minutos, dependendo do que preciso no dia. A meditação geralmente começa com técnicas respiratórias, apenas me concentrando e acompanhando a respiração para acalmar a mente. Vamos falar mais sobre isso em breve. Observação: eu também deixo o diário perto de mim para anotar qualquer ideia que surja durante a meditação. A clareza mental e as ideias que são geradas enquanto se medita às vezes são o aspecto mais valioso dessa prática.

Eu recomendo levantar e sair do quarto ao começar os Salvadores de Vida, porque é tentador deixar de ficar sentado em silêncio para deitar e voltar a dormir. Para evitar essa tentação, eu faço o Milagre da Manhã sentado no sofá da sala de estar, onde já deixo tudo de que preciso pronto e esperando por mim. O diário, tapete de ioga, uma cópia impressa das minhas afirmações e o livro que estou lendo no momento sempre ficam no mesmo lugar para que seja fácil de começar os Salvadores de Vida sem ter que procurar nada.

## Comece com a meditação

Embora a meditação muitas vezes seja considerada uma prática espiritual, no momento em que estou escrevendo este livro, existem mais de 1.400 estudos científicos que demonstraram seus benefícios mentais, emocionais e fisiológicos. Muitos desses estudos vinculam a prática consistente da meditação a melhoras prolongadas na atividade cerebral, no metabolismo, na pressão sanguínea e em outras funções corporais. A meditação pode ajudar a diminuir o estresse e a ansiedade, aliviar a dor física, melhorar o sono, o humor, o foco, a concentração e até aumentar a expectativa de vida. Na verdade, foi um artigo sobre os CEOs de empresas da Fortune 500 que atribuíam o sucesso profissional e financeiro à meditação que me convenceu a experimentar a prática.

Existem muitas formas de meditar e várias técnicas para escolher, mas elas podem ser separadas em duas categorias: *guiadas* e *não guiadas*. As meditações guiadas são aquelas em que você ouve a voz de outra pessoa e recebe instruções para guiar seus pensamentos, atenção e percepção. Você pode encontrá-las em sites como YouTube, além de usar aplicativos como Calm, Headspace e o aplicativo do Milagre da Manhã. A meditação não guiada é a que você faz sozinho, sem ajuda de outra pessoa.

Nos últimos 15 anos, eu experimentei vários tipos de meditação, o que me levou a combinar vários métodos para criar o que descobri ser a forma mais eficaz. Como você vai notar na abordagem para todos os Salvadores de Vida, minha intenção subjacente é fazer com que cada um dos Salvadores de Vida seja prático, útil e focado em resultados. A seção a seguir dá o passo a passo simples para a Meditação de Otimização Emocional (não guiada), que você pode começar a praticar imediatamente, mesmo se você nunca meditou.

## Meditação de Otimização Emocional do Milagre da Manhã

Embora muitas técnicas de meditação girem em torno de clarear a mente, observar os pensamentos ou controlar a respiração (todos métodos eficazes), a Meditação de Otimização Emocional é o ato de escolher conscientemente qual estado mental você deseja vivenciar e depois meditar enquanto estiver nesse estado para programá-lo em seu sistema nervoso. Todos concordamos que queremos nos sentir *bem* (felizes, gratos, tranquilos, confiantes, motivados, dispostos, empolgados, amados, reconhecidos etc.), mas a maioria de nós permite que circunstâncias externas determinem como nos sentimos por dentro. Ou permitimos que nossos sentimentos continuem, mesmo quando eles não nos servem mais. Esta meditação permite que você escolha o que vai sentir, independentemente de suas circunstâncias externas ou de como você estava se sentindo até o momento.

Você pode escolher incorporar paz interior, liberdade, amor-próprio, perdão, vulnerabilidade, autoconfiança ou qualquer outro estado que queira vivenciar mais. A escolha pode ser baseada na sua necessidade em qualquer momento da vida, como gerar sentimentos de amor em relação ao cônjuge após uma discussão, criar confiança para fazer uma apresentação ou até aceitar sentimentos de tristeza e luto se for apropriado para uma situação que você esteja enfrentando. Ou a sua escolha pode ser uma atualização contínua do bem-estar emocional e mental como um todo. Em geral, essa atualização é o que estamos procurando. Seja qual for a sua escolha, a Meditação de Otimização Emocional reforça o estado desejado para que ele vire o seu jeito padrão de ser, sentir e vivenciar a vida. Quanto mais você meditar de modo consistente enquanto estiver no seu estado ótimo (idealmente todas as manhãs), mais natural vai ser a sensação e mais fácil será acessar e permanecer nesse estado indefinidamente.

A meditação também é uma oportunidade para abrir mão da necessidade compulsiva de sempre estar pensando em algo. Boa parte dos nossos pensamentos é repetitiva e improdutiva. Nós revivemos o passado,

## 106 O MILAGRE DA MANHÃ

nos preocupamos com o futuro ou ruminamos os problemas, e tudo isso nos tira do momento presente. Pense que a vida *é* o momento presente. Aquilo em que nos concentramos em cada momento se transforma em experiência de vida. Então, quando revivemos o passado ou nos preocupamos com o futuro, perdemos a oportunidade de viver no presente. A meditação dá uma oportunidade de fazer uma pausa nas preocupações com seus problemas e estar totalmente presente no milagre que é a vida.

Por fim, é importante estabelecer expectativas adequadas para a prática. Se você esperar que sua mente fique totalmente vazia ou que você tenha uma experiência profunda sempre que meditar, provavelmente vai se decepcionar. Seria o mesmo que esperar perder cinco quilos a cada vez que fizesse exercícios físicos. O objetivo de meditar é treinar a si mesmo gradualmente para ficar em paz com os próprios pensamentos e emoções, praticar o ato de estar inteiramente presente em cada momento, melhorar a capacidade de concentração e otimizar seu estado mental e emocional.

Antes de começar a meditação, crie um ambiente favorável. Encontre um local calmo e confortável para se sentar. Você pode ficar sentado com a coluna reta em um sofá ou cadeira, ou de pernas cruzadas no chão ou em cima de um travesseiro para elevar a coluna e fornecer mais conforto. Você pode fechar os olhos ou escolher um objeto no ambiente para se concentrar, o que achar melhor. Eu recomendo decidir por quanto tempo você quer meditar e programar um alarme. Caso seja iniciante na meditação, eu começaria com pelo menos dez minutos. O ideal é ir aumentando a duração aos poucos para dar à mente o tempo de se aquietar e para você não sentir pressa durante o processo.

Aqui estão três passos para completar uma Meditação de Otimização Emocional. Recomendo ler todos eles e só depois colocá-los em prática.

## Passo 1: escolher seu estado mental ou emocional pleno

Lembre-se: o objetivo dessa meditação é escolher e condicionar conscientemente o seu estado mental ou emocional mais adequado. Embora seja normal pensar que o nosso jeito de sentir é determinado por forças externas, isso só é verdade se você continuar a permitir que seja. Essa meditação tem a ver com perceber que você detém o poder de escolher como vivencia cada momento da vida, independentemente das circunstâncias, e depois exercer esse poder a cada dia.

Comece perguntando a si mesmo: "Que estado mental ou emocional me serviria melhor agora?" Como você quer se sentir? O que está na sua agenda para hoje e que estado interno vai permitir que você esteja presente em seu melhor para você e para os outros?

Às vezes é preciso abrir mão de um estado mental ou emocional negativo antes de incorporar os estados ideais que desejamos. Se você estiver sob muita pressão e se sentindo estressado ou sobrecarregado, poderá achar útil ou até necessário abrir mão desses pensamentos e sentimentos estressantes para ficar em paz e cultivar o estado mental desejado. Se esse for o seu caso, pergunte a si mesmo: "Existe algo de que preciso desapegar?" Se houver, esteja disposto a fazer isso pelo menos ao longo da sua meditação.

Do mesmo modo, se você estiver se sentindo infeliz ultimamente, talvez precise se dar permissão para ser feliz pelo simples motivo de que você merece ser feliz. Ninguém mais pode dar essa permissão, só você. Mesmo quando a vida for difícil, desagradável ou dolorosa, podemos escolher nos concentrar naquilo por que somos gratos e gerar sentimentos genuínos de felicidade.

Dependendo de quanto tempo se passou desde que você sentiu o estado que escolheu de modo consistente, pode parecer estranho, artificial e difícil no começo. Por exemplo, se faz um tempo desde que se sentiu feliz ou confiante, você talvez precise pensar em algo que faça você feliz ou se lembrar da última vez que se sentiu confiante a fim de trazer esses sentimentos para

**108** O MILAGRE DA MANHÃ

o presente. Lembre-se: como acontece com o exercício físico, os resultados não vêm de imediato, e sim gradualmente. Continue praticando e vai ficar mais fácil com o tempo.

Não se limite. Você merece se sentir do jeito que escolher. Como você quer se sentir hoje? Qual é o seu estado mental e emocional ideal? Não pense demais. Escolha qualquer estado positivo que seria benéfico para vivenciar e se dê permissão para vivenciá-lo. Você vai direcionar sua atenção e energia para gerar esse estado durante a meditação.

## Passo 2: concentrar-se na respiração para acalmar a mente

Para a maioria das pessoas, o maior obstáculo na hora da meditação é o ruído interno da mente, que não para, o que é o motivo pelo qual a meditação simples com base na respiração resistiu ao teste do tempo. O objetivo de se concentrar na respiração é desviar a atenção do seu diálogo interno, permitindo que você se mantenha presente no que está acontecendo e acalmando a mente.

Comece a meditação direcionando o foco para a respiração. Respire de modo natural, mas devagar. Faça inspirações longas e lentas pelo nariz, seguida por expirações longas pelo nariz ou pela boca, o que for mais confortável. Apesar de não ser necessário, você também pode achar útil nomear ou contar suas respirações. Um exemplo de nomear as respirações seria pensar *Ins...pi...ra...* durante a inspiração e *Ex...pi...ra...* durante a expiração. Contar a respiração é exatamente o que parece. Algumas pessoas escolhem contar cada inspiração e expiração como uma respiração. Eu prefiro contar lentamente: *Um... Um... Um... Um...* na inspiração, seguido de *Dois... Dois... Dois... Dois...* na expiração, depois *Três... Três... Três... Três...* na próxima inspiração e assim sucessivamente. Quando eu chego por volta de vinte (que são dez inspirações e expirações completas), a mente está mais calma e estou pronto para a próxima etapa.

Embora você talvez pense que é difícil acalmar a mente (o que é normal, esperado e serve como prova de que essa é uma área de crescimento para você), provavelmente vai começar a sentir seus pensamentos e emoções se acalmando aos poucos à medida que acompanha sua respiração. O segredo é não ficar chateado ou impaciente com a mente inquieta. Quando você perceber que sua atenção está passando da respiração para os pensamentos, basta reconhecer a mudança, ficar em paz com ela e voltar a se concentrar na respiração. Aprender a concentrar sua atenção e ficar em paz com seus pensamentos é uma habilidade. Como acontece com qualquer habilidade, quanto mais você pratica, mais fácil ela vai ficar. No final da jornada de trinta dias do Milagre da Manhã, que será mostrada no capítulo 10, você provavelmente vai se surpreender com o quanto melhorou nessa habilidade.

## Passo 3: meditar em seu estado ideal

Agora que sua mente está mais calma e, com sorte, um pouco mais tranquila, é hora de direcionar a atenção para gerar o estado mental e emocional ideal que você escolheu. Para isso, em vez de tentar esvaziar a mente (como a maioria das meditações diria para fazer), você pode preenchê-la com pensamentos, imagens e afirmações alinhadas com o estado que você quer vivenciar. Por exemplo, digamos que seu estado escolhido seja "gratidão". Enquanto continua respirando de modo lento, calmo e profundo, você pode pensar: *Tenho muitos motivos para sentir gratidão. Sou grato por estar em segurança neste momento. Sou grato por ter a capacidade de meditar. Sou grato pelas pessoas em minha vida que me amam e a quem eu amo. Sou grato pela minha conexão espiritual com Deus. Sou grato por ter um teto para morar, alimentos para comer, roupas para vestir e muito mais. Sou grato pelos meus desafios, porque eles me permitem aprender, crescer e me transformar em uma versão melhor de mim. Sou grato por ser capaz de escolher estar em paz com o que não posso mudar e gerar meu estado mental e emocional ótimo, não importa o que aconteça*, e por aí vai.

Mesmo que o exemplo anterior não pretenda ser um roteiro (o que não impede você de usá-lo como tal), é um exemplo de como você pode escolher

**110** O MILAGRE DA MANHÃ

no que se concentrar e, ao longo do processo, bombardear a mente com pensamentos que direcionam sua consciência para gerar o estado mental escolhido.

Eu também recomendo alinhar sua fisiologia (respiração, postura e expressão facial) com o estado que você deseja. Continuando com o exemplo da gratidão, sorria sutilmente (com os lábios juntos) ao pensar em todos os motivos o que você tem para ser grato. De acordo com um estudo recente publicado no periódico *Experimental Psychology*, o ato de sorrir ativa compostos químicos no cérebro relacionados à positividade, mesmo quando o sorriso não é sincero no começo. Se você escolheu a confiança ou motivação como estado ótimo, sente-se com a coluna reta (ou fique em pé), alinhe os ombros e respire como alguém que se sente confiante e motivado. Personifique totalmente o estado escolhido.

Ao longo da meditação, continue direcionando seus pensamentos e sentimentos para o estado que escolheu. E assim como na parte da respiração, se os pensamentos vaguearem ou ficarem contraditórios (é normal pensar algo positivo e imediatamente o subconsciente contradizer aquilo), apenas reconheça os pensamentos inadequados e continue os substituindo por pensamentos positivos. De novo: quanto mais você pratica essa meditação, mais natural ela ficará.

Embora eu ainda pratique outras formas de meditação, a Meditação de Otimização Emocional é minha favorita porque não só acalma a mente, como me coloca em um estado mental e emocional ideal a cada dia, não importa o que esteja acontecendo na minha vida. Quanto mais você pratica, mais fácil ela ficará, e mais os benefícios vão se acumular.

Passar um tempo em silêncio pode ser uma oportunidade para ficar em paz, sentir gratidão e se livrar dos estresses e preocupações do dia a dia. E, se você gostaria de experimentar meditações guiadas para que alguém oriente você ao longo da prática, existem vários tipos disponíveis de graça no YouTube além do aplicativo do Milagre da Manhã.

Eu achei as meditações guiadas úteis quando estava começando, porque ficar em silêncio, especialmente durante a meditação, foi um desafio e tanto para mim. Ouvir outras pessoas me dizendo no que deveria me concentrar, do que deveria abrir mão e me ensinando a meditar foi extremamente útil. Eu levei de três a quatro semanas alternando entre a meditação guiada e a não guiada até sentir que estava pegando o jeito do negócio. Então finalmente cheguei a um ponto em que conseguia deixar que os pensamentos viessem, reconhecia todos calmamente e depois os deixava ir embora sem me frustrar. Por isso, não desanime se passar tempo em silêncio ou meditar for desafiador no começo. Mantenha a prática e os benefícios para sua vida serão valiosíssimos.

*Salvadores de Vida*

# Afirmações

*É a repetição das afirmações que leva à crença. Quando essa crença vira uma convicção profunda, tudo começa a acontecer.*

— MUHAMMAD ALI

*Você vai ser um fracasso até gravar no subconsciente a convicção de que é um sucesso. Para conseguir isso, é preciso fazer uma afirmação que funcione.*

— FLORENCE SCOVEL SHINN

"Eu sou o maior!" Muhammad Ali disse essas três palavras repetidamente até se *transformar* nelas. O que dizemos repetidamente ou afirmamos para nós mesmos vira nossa realidade interna e influencia nossa capacidade de afetar a realidade externa. Por isso, as afirmações são uma das ferramentas mais eficazes a fim de articular a pessoa que você precisa ser para conquistar tudo o que deseja na vida e depois se transformar nessa pessoa.

Cada um de nós tem um diálogo interno que acontece quase sem parar. O problema é que a maior parte do que pensamos é inconsciente e isso significa que não escolhemos o nosso diálogo interno de modo ativo e decidido. Consequentemente, permitimos que nossas experiências e

SALVADORES DE VIDA    **113**

limitações passadas se repitam na cabeça. Fazer isso reafirma e perpetua as crenças limitantes que temos em relação a nós mesmos e ao mundo. Apesar de ser algo "normal" que todos nós fazemos, esse pode ser um dos fatores mais prejudiciais quando se trata de atingir nosso potencial. Como disse Henry Ford, "Quer você pense que pode ou pense que não pode, de qualquer maneira você está certo".

## Como vai sua programação mental?

Todos nós fomos programados em nível subconsciente para pensar, acreditar e nos comportar do jeito que fazemos. Essa programação é resultado de várias influências, incluindo o que os outros nos disseram, o que dizemos a nós mesmos e todas as nossas experiências de vida, boas e ruins. Alguns de nós têm programações que tornam relativamente fácil ser feliz e bem--sucedido, enquanto outros, possivelmente a maioria, têm programações que podem fazer a vida mais difícil do que precisa ser.

A *má notícia* é que, se você não moldar e escolher conscientemente o seu diálogo interno, poderá repetir e reviver os medos, inseguranças e limitações do seu passado. Quando nos concentramos no que estamos fazendo de errado e no quanto estamos aquém das expectativas, podemos nos sentir culpados, inadequados e não merecedores do sucesso que realmente queremos.

A *boa notícia* é que essa programação pode ser mudada ou melhorada a qualquer momento. Nós podemos começar a reprogramar a mente para superar todos os medos, inseguranças e limitações passadas com o intuito de ser tão bem-sucedidos quanto escolhemos ser, em qualquer área da vida. Vou ensinar uma fórmula simples, mas poderosa, para criar afirmações feitas para produzir resultados significativos (e não apenas fazer você se sentir melhor). Você será capaz de identificar, articular e afirmar o que está se comprometendo a conquistar e vivenciar em sua vida, por que isso é necessário para você e o que você vai fazer para conquistá-los.

# O MILAGRE DA MANHÃ

Com repetições suficientes, seu subconsciente vai acreditar no que você diz a ele, agir de acordo com a afirmação e criar a realidade que você escolheu intencionalmente.

É obrigatório que você rascunhe suas afirmações por escrito, seja em um papel ou digitalmente. Assim você pode elaborá-las com cuidado usando uma linguagem precisa, para que sejam autênticas e personalizadas. Os resultados desejados por cada pessoa são diferentes, assim como são as limitações autoimpostas que estão atrapalhando o progresso, então faz sentido que a linguagem escolhida seja algo com que você se identifique. Outro benefício de anotá-las é que você pode recitá-las todos os dias. É por meio dessa repetição que a mente começa a aceitar a possibilidade de uma nova realidade para você. É a repetição constante de uma afirmação que gera a ação necessária para fazer mudanças reais em sua vida.

## Por que o jeito antigo de fazer afirmações não funciona

Nós podemos ver com nitidez que as afirmações se mostraram altamente eficazes em transformar nossos pensamentos e comportamentos, quando feitas do jeito certo. Mas as afirmações também têm má fama. Elas são frequentemente vistas como ineficazes, na melhor das hipóteses, ou totalmente bregas, na pior delas. Por várias décadas, especialistas e gurus de autoajuda ensinaram afirmações de formas ineficazes e acabaram fazendo com que as pessoas fracassassem em usá-las. Muita gente as experimentou e acabou decepcionada.

Quando era mais novo, eu estava no grupo que considerava as afirmações bregas *e* ineficazes. Achava que elas eram umas frases para você se sentir bem que não eram baseadas na realidade e apenas iludiam as pessoas, que se sentiam melhor apenas naquele momento. Nós que somos focados em resultados — e sensatos — nem nos dávamos ao trabalho de repetir afirmações apenas para mascarar nossas inseguranças. Eu não acreditava que elas poderiam dar resultado.

Meu primeiro contato real com o poder das afirmações aconteceu quando eu morava com um dos meus amigos mais próximos e bem-sucedidos, Matt Recore. Quase todos os dias eu ouvia Matt gritando no chuveiro do quarto dele. Pensando que ele estivesse me chamando, eu me aproximava da porta do quarto e descobria que ele gritava frases como: "Estou no controle do meu destino! Mereço o sucesso! Estou comprometido a fazer tudo que preciso fazer hoje para alcançar meus objetivos e criar a vida dos meus sonhos!" *Que cara esquisito*, eu pensava.

O único contato anterior que eu tivera com afirmações tinha sido em um esquete do humorístico *Saturday Night Live* nos anos 1990, no qual o personagem Stuart Smalley, interpretado por Al Franken, apresentava o programa fictício *Daily Affirmations with Stuart Smalley* [Afirmações Diárias com Stuart Smalley]. Ele começava cada episódio olhando em um espelho e repetindo para si mesmo: "*Sou bom o bastante, sou inteligente o bastante e as pessoas gostam de mim, cacete!*" O esquete era engraçado, mas também me fez acreditar que afirmações não eram para ser levadas a sério.

Felizmente para o Matt, ele sabia que não era assim. Como seguidor de Tony Robbins, ele vinha usando as afirmações e máximas havia anos para alcançar níveis extraordinários de sucesso. Dono de cinco casas e um dos maiores engenheiros de redes do país (tudo isso aos 25 anos), eu devia ter imaginado que Matt sabia o que estava fazendo. Afinal, era eu que estava alugando um quarto na casa dele. Infelizmente levei mais alguns anos para entender que as afirmações são uma das ferramentas mais poderosas para transformar a vida de uma pessoa.

Quando comecei a estudar desenvolvimento pessoal, fui reapresentado às afirmações como ferramenta legítima de transformação. A promessa era que afirmações poderiam mudar minha vida se eu as repetisse até acreditar

**116** O MILAGRE DA MANHÃ

nelas. Para alguém que cresceu acreditando que era preguiçoso (porque eu era mesmo), isso parecia ser totalmente a minha praia. *Eu não preciso fazer nada*, pensei. Então topei na hora.

Mas não tanto. Não levou muito tempo para empacar com minhas afirmações do mesmo jeito que a maioria das pessoas. Nada aconteceu quando usei o formato que era comumente ensinado pelos pioneiros da autoajuda. A grande vida sobre a qual eu vivia falando não aparecia. Usar frases com "Eu sou" para afirmar algo que eu não era soava falso.

Até que um dia eu tive uma epifania. Eu percebi que a falha não estava nas afirmações em si. Elas tinham sido apenas mal interpretadas, mal ensinadas e mal utilizadas. Acabei resumindo os problemas a duas falhas importantes, que me permitiram mudar completamente minha abordagem e criar afirmações que fossem práticas e produzissem resultados tangíveis e mensuráveis de modo consistente.

Nas páginas a seguir, vou fornecer uma fórmula para criar suas afirmações focadas em resultados para o Milagre da Manhã. Elas são baseadas na verdade e criadas estrategicamente para reprogramar seu subconsciente e ajudar a direcionar seu comportamento. Antes de chegar lá, vamos reservar um minuto para explorar essas duas falhas e os problemas causados por elas.

## Falha 1: mentir para si mesmo não funciona

"Eu sou milionário." Você é mesmo? "Tenho 7% de gordura corporal." Tem mesmo? "Eu conquistei todos os meus objetivos para este ano." Conquistou mesmo?

Criar suas afirmações como se você já tivesse conquistado, superado ou se transformado em algo que você ainda não conseguiu conquistar, superar ou ser talvez seja o principal motivo pelo qual as afirmações são ineficazes para a maioria das pessoas. Essa técnica nos ensina a afirmar várias vezes algo que *desejamos* que fosse verdade na esperança de nos enganarmos o suficiente para acreditar nisso. Lá no fundo, se essas afirmações não forem verdadeiras, você *sabe* que não são. E, toda vez que você recitar uma afirmação que não é baseada na verdade, estará mentindo para si mesmo e o seu subconsciente vai resistir ou rejeitar isso. Se você afirmar "Eu sou rico" ou "Eu sou feliz" quando isso não é verdade para você, vai criar um conflito interno desnecessário (como se precisássemos de mais um).

Considerando que você é um ser humano inteligente que não se ilude, mentir para si mesmo nunca será a estratégia ideal. A verdade sempre prevalecerá.

## Falha 2: linguagem passiva não produz resultados significativos

Muitas afirmações foram criadas para nos deixar bem naquele momento ao criar uma promessa vazia de algo que desejamos, não importa qualquer esforço. Por exemplo, aqui está uma afirmação popular relacionada a dinheiro que vem sendo repetida por muitos mentores espirituais e autoridades em autoajuda bem-intencionados: "Eu sou um ímã de dinheiro. O dinheiro flui para mim sem esforço e em abundância."

Seria ótimo se ganhar dinheiro fosse simples assim... Eu também queria!

Se vamos reservar um tempo para recitar afirmações, gostaríamos de vê-las produzir resultados significativos, não apenas nos iludir para que nos sintamos bem momentaneamente. Se estamos recitando uma afirmação para melhorar a situação financeira, queremos ver nossa renda ou saldo bancário aumentando. Se estamos repetindo uma afirmação para perder peso, queremos ver os resultados dessa afirmação sempre que subimos na balança. Se estamos usando afirmações para melhorar o casamento, queremos que o cônjuge vivencie (e, de preferência, retribua) as melhoras que fizemos.

Para obter resultados concretos, nossas afirmações precisam levar a mudanças de comportamento. É por isso que as afirmações em linguagem passiva são ineficazes.

## Crie afirmações orientadas a resultados para o Milagre da Manhã em três passos

Criar afirmações que permitem a você melhorar qualquer área da sua vida não é complicado, é uma questão de entender a abordagem que vai levar você até lá. Existem três passos simples que podem ser seguidos para criar afirmações práticas, focadas em resultados e capazes de reprogramar o subconsciente de forma eficaz e redirecionar seus pensamentos conscientes, alinhando seu comportamento para que você possa conquistar seus objetivos e fazer as mudanças que deseja na vida.

### Passo 1: afirmar o que você se compromete a fazer

Observe que não estamos começando com o que você *quer*. Todos nós queremos várias coisas, mas só conseguimos o que nos comprometermos a conseguir. Seria até possível dizer que o fator determinante para conquistar qualquer objetivo ou fazer qualquer mudança significativa na vida é a capacidade de se comprometer totalmente com algo e permanecer comprometido até o fim. Quando você se compromete com algo, sempre existe um jeito. Contudo, a maioria das pessoas tem dificuldade para assumir novos compromissos além do que já estão fazendo. Por isso, nada muda.

Afirmar repetidamente o que você se compromete a fazer todos os dias mantém os compromissos na cabeça e aumenta consistentemente o seu nível de comprometimento ao longo do tempo. Então, cada uma das suas afirmações primeiro deve articular com clareza exatamente qual *resultado* (objetivo, melhora etc.) ou *atividade* (ação, hábito, ritual etc.) você se compromete a vivenciar na vida. Para ajudar a esclarecer a diferença entre um resultado e uma atividade: o resultado seria "perder cinco quilos" e a atividade seria "fazer exercícios cinco dias por semana".

Veja como isso fica por escrito:

**Eu me comprometo a _____, não importa o que aconteça. Não há outra opção!**

Quanto mais consistentemente você afirmar com convicção seus compromissos, mais comprometido você ficará em transformá-los em realidade.

Você pode notar que existe um ponto de exclamação depois da afirmação. Isso é intencional, pois me lembra de ler e personificá-la com emoção e convicção. O verdadeiro compromisso não é algo que se faz mais ou menos. Quanto mais você personificar suas afirmações com emoção e convicção, mais eficazes elas serão.

## Sua vez: aplique o passo 1 a suas afirmações

O que você quer conquistar ou mudar em sua vida que exige seu comprometimento? Você tem um objetivo importante que esteja adiando? Existe alguma área da sua vida que seja fonte de dor e frustração? Existe alguma mudança que você tentou fazer, mas não conseguiu (ainda)?

Comece escrevendo um resultado ou atividade específica e significativa, que desafie você, que melhore significativamente a sua vida e com que você esteja pronto para se comprometer, mesmo se não souber muito bem como vai fazer isso ou estiver com medo de não dar conta.

Você pode escrever sua afirmação à mão em um diário ou pedaço de papel, mas eu recomendo usar algo digital, como um aplicativo de anotações no seu computador, celular ou o aplicativo gratuito Miracle Morning Routine (que tem um criador de afirmações que segue os três passos). O que eu mais gosto em um dispositivo digital é que ele permite atualizar suas afirmações com facilidade, já que, à medida que você continua aprendendo, crescendo e evoluindo, suas afirmações também devem evoluir.

Quando você identificar um resultado ou atividade importante com que precisa se comprometer para transformá-lo em realidade, escreva ou

## 120 O MILAGRE DA MANHÃ

digite usando o modelo a seguir (primeiro passo) para preencher a lacuna e personalizá-lo:

**Eu me comprometo a _____, não importa o que aconteça. Não há outra opção!**

O que preencherá a lacuna cabe a você. Caso se sinta inseguro ou hesitante quanto ao que deseja, talvez esteja se reprimindo devido à falta de clareza ou confiança na sua capacidade de se comprometer e seguir o compromisso. Isso é totalmente normal. Porém, você não precisa saber tudo para começar sua afirmação. Muitas vezes é só depois de se comprometer com algo que o *como* se revela. Você descobre ao longo do caminho. Anotar sua afirmação é o primeiro passo para estabelecer seu compromisso. Depois, afirmá-lo a cada dia faz com que ele sempre esteja na sua cabeça, aumentando o nível de compromisso de modo consistente ao longo do tempo.

Lembre-se: sempre existe um jeito quando você se compromete com algo.

## Passo 2: afirmar por que é importante para você

Em seguida, é hora de apoiar, melhorar e reforçar o seu compromisso ao incluir o *porquê*, o motivo (ou motivos) profundamente significativo e irrefutável que vai alimentar continuamente sua vontade de manter o compromisso e realizar as ações necessárias até o que você está afirmando virar sua realidade. Por que esse compromisso é relevante para você? Por que você precisa dele? De que formas ele vai melhorar sua vida e/ou a vida das pessoas que você ama? Quanto mais irrefutáveis forem os motivos, maior a probabilidade de você manter seu compromisso.

## Sua vez: aplique o passo 2 a suas afirmações

Vamos continuar a criar sua afirmação. Além do seu compromisso (passo 1), comece a listar os motivos pelos quais esse compromisso é importante

SALVADORES DE VIDA    121

para você. De novo, por que ele é relevante? Por que você precisa fazê-lo? De que formas ele vai melhorar sua vida e/ou a vida das pessoas que você ama? Quais são os motivos/benefícios mais irrefutáveis que vão manter você inspirado, custe o que custar?

**Eu me comprometo a** _____ **para/porque:**

- _____ [inserir motivo/benefício importante]
- _____ [inserir motivo/benefício importante]
- _____ [inserir motivo/benefício importante]

Tenha em mente que esses motivos são pessoais e você nunca precisará mostrar suas afirmações para outras pessoas, a menos que você queira, é claro. Além disso, lembre que esse é um rascunho. Você sempre poderá mudar suas afirmações, então não se preocupe em deixar tudo perfeito. Uma afirmação mal escrita é muito mais eficaz do que nenhuma afirmação.

## Passo 3: afirmar quais ações você fará e quando

Escrever uma afirmação que apenas declare o resultado com que você se compromete e por que ele é importante para você, sem esclarecer as ações necessárias que vão gerar esse resultado, é praticamente inútil. E também pode ser negativo, ao enganar o seu subconsciente para pensar que o resultado vai acontecer de modo automático, sem qualquer esforço.

Neste terceiro e último passo, você vai se perguntar o que precisa fazer para conquistar o resultado ideal, esclarecer a ação (ou ações) específica necessária para seguir com esse compromisso e definir claramente quando e com que frequência você vai realizar as ações necessárias. Esta etapa pode ser óbvia e vir com clareza para você. Muitas vezes já sabemos o que precisamos fazer para melhorar, apenas não nos comprometemos com isso.

No meu sexto e último ano trabalhando para a Cutco, eu defini o objetivo monumental de fazer o dobro de vendas que fiz no meu melhor ano.

## 122   O MILAGRE DA MANHÃ

Embora tentar dobrar minhas vendas (e minha renda) fosse extremamente assustador, eu percebi que, para conquistar esse objetivo, bastava dobrar a quantidade de telefonemas que eu fazia para possíveis clientes. O dobro de ligações significaria o dobro de reuniões agendadas, que teoricamente resultaria no dobro de vendas. Tendo feito uma média de dez ligações por dia no meu melhor ano de vendas, eu determinei que, se aumentasse minhas ligações para vinte por dia, então inevitavelmente dobraria o número de vendas. Eu sabia o que precisava fazer, mas nunca tinha me comprometido a isso (nesse nível). Então eu me comprometi a agendar tempo para fazer vinte ligações por dia, das 8 às 9 da manhã, em qualquer circunstância. No final do ano, eu tinha cumprido meu compromisso e minhas vendas mais do que dobraram, fazendo o mesmo com minha renda.

Contudo, dependendo do resultado desejado, você pode não ter ideia do que precisa fazer para começar. Nesse caso, a primeira ação que você vai se comprometer a fazer será alocar tempo para descobrir isso. Por exemplo, digamos que você sempre quis ter o próprio negócio ou quer desesperadamente salvar seu casamento, mas não sabe por onde começar. Nesse caso, sua primeira ação é alocar tempo para descobrir os próximos passos. Uma simples pesquisa no Google — "Como ter o próprio negócio" ou "Como salvar meu casamento" — pode ajudar você. Claro que existe um suprimento infinito de recursos (artigos, vídeos no YouTube, podcasts etc.) disponíveis de graça sobre praticamente qualquer assunto para se aprofundar e existem vários livros disponíveis de escritores e especialistas que têm experiência no que você está tentando conquistar.

Veja alguns exemplos de objetivos diferentes que você pode ter e de ações específicas que pode fazer para conquistá-los.

**Para garantir que eu cumpra o compromisso de aumentar minha renda e dar segurança financeira para minha família, vou alocar tempo para colocar em prática as seguintes ações:**

- Ler diariamente livros que ensinam a ganhar mais dinheiro a fim de aprender estratégias eficazes para colocar em prática.

- Encontrar um grupo de networking com empresários locais e entrar nele.
- Fazer vinte ligações por dia para possíveis clientes, 5 dias por semana, das 8 às 9 da manhã.

**Para garantir que eu cumpra o compromisso de otimizar minha saúde, vou alocar tempo para colocar em prática as seguintes ações:**

- Praticar jejum intermitente e começar cada dia com uma vitamina orgânica e verde com baixo teor de açúcar e alto teor de gorduras boas.
- Fazer exercícios físicos por dez minutos todos os dias durante o Milagre da Manhã. E, quando o tempo estiver bom, fazer uma caminhada de dez minutos por dia após o jantar.
- Terminar a última refeição do dia de três a quatro horas antes de dormir, para que meu corpo possa digerir totalmente a comida antes do sono.

**Para garantir que eu cumpra o compromisso de ser o melhor parceiro possível, vou alocar tempo para colocar em prática as seguintes ações:**

- Ler livros sobre casamento todos os dias antes de ler quaisquer outros livros, para que eu possa aprender continuamente a ser o melhor cônjuge possível.
- Identificar todas as manhãs pelo menos uma ação que posso fazer naquele dia para melhorar ou facilitar a vida da minha esposa (por exemplo, comprar flores ou um cartão para ela, fazer uma massagem nela, escrever um bilhete carinhoso para ela, fazer uma caminhada em sua companhia, lavar a louça, buscar as crianças na escola, jogar um jogo de tabuleiro, sentar para conversar com ela à noite, assistir à nossa série favorita juntos etc.).
- Vou reacender a chama do nosso relacionamento separando uma noite só para nós duas vezes por mês nas quartas-feiras (para evitar o movimento do fim de semana).

## Sua vez: aplique o passo 3 às suas afirmações

Ao colocar em prática este terceiro e último passo, lembre-se do seguinte:

- Algumas ações podem ser repetitivas e recorrentes (lembre-se de quando eu me comprometi a fazer vinte ligações por dia, cinco vezes por semana, das 8 às 9 da manhã para dobrar meu número de vendas), enquanto outras podem ser sequenciais (primeiro passo, segundo passo, terceiro passo etc.).
- Se você não souber o que precisa fazer, basta afirmar quando você vai alocar tempo para descobrir e determinar essas ações. Você não precisa saber tudo para começar. Esse mito muitas vezes é o que nos impede de começar.
- Deixe tudo o mais simples possível. Não se sobrecarregue.

Quanto mais específicas forem suas ações, melhor. Certifique-se de incluir a frequência (quantas vezes) e os horários precisos para esclarecer quando você vai começar e terminar suas ações.

**Para garantir que eu cumpra o compromisso de** _____.
**vou colocar em prática as seguintes ações nestes horários e frequências:**

_____

_____

_____

## Juntando tudo (passo 1 + passo 2 + passo 3)

A chave para conquistar qualquer objetivo ou melhorar qualquer aspecto da vida é canalizar sua capacidade de se comprometer e manter o compromisso pelo período necessário, mesmo quando você não sentir vontade de cumpri-lo. As suas afirmações para o Milagre da Manhã são feitas para ajudar nisso, garantindo que você mantenha o foco no que se compromete a melhorar ou conquistar na vida, saiba por que cada melhora ou conquista é muito importante para você, esteja disposto a fazer o que for necessário para conseguir isso e defina as ações específicas que vai fazer (e quando) para garantir o cumprimento do compromisso.

Como já disse, minha experiência é a seguinte: quando abordadas como foram neste capítulo, as afirmações são a forma mais eficaz de desenvolvimento pessoal. Elas permitem a você criar sua realidade no presente e no futuro com precisão total. Então, escolha uma área da vida que deseja melhorar ou o seu objetivo mais importante e siga esses três passos para escrever uma afirmação que vai manter seu foco no que é mais importante para você.

## Dicas para maximizar a eficácia de suas afirmações

- **Pense em criar afirmações extras que vão além dessa fórmula.** Em sua forma mais simples, uma afirmação é apenas um *lembrete* de algo que você considera importante e quer incorporar a si mesmo ou integrar a sua vida. Essa fórmula de afirmações focada em resultados faz você se lembrar *do que se comprometeu a fazer, por que é importante para você e que ações específicas você vai realizar (e quando).* Contudo, outros estilos de afirmações também podem ser úteis, desde que sejam verdadeiras. "Eu escolho ser feliz" é uma afirmação. "Estou em paz com o que eu não posso mudar" é uma afirmação. "Estou exatamente onde preciso estar para aprender o que preciso a fim de me transformar na pessoa que preciso ser para criar a vida que desejo." Na verdade, uma de minhas afirmações favoritas não segue essa fórmula. É a seguinte: "Eu sou tão digno, merecedor e capaz de criar a vida com a qual me comprometi quanto qualquer pessoa na Terra, e vou provar isso hoje com minhas ações." Essa afirmação fundamental me ajuda a superar as inseguranças e a síndrome do impostor ao me lembrar que *todos* somos merecedores e capazes de fazer o que nos comprometemos a realizar. Então, embora eu

126    O MILAGRE DA MANHÃ

recomende usar a fórmula de três passos ensinada neste capítulo para criar afirmações que vão ajudar você a conquistar seus objetivos e fazer melhorias significativas, não precisa ficar restrito a elas. Sinta-se à vontade para afirmar o que você considera importante e deseja manter em mente.

- **Atualize suas afirmações conforme necessário.** Lembre que suas afirmações nunca serão uma versão "finalizada", porque estarão em constante atualização. À medida que você aprende, cresce e evolui, suas afirmações farão o mesmo. Ao criar novos objetivos, sonhos, hábitos ou filosofias que deseja integrar à vida, coloque-os em suas afirmações. Quando você conquistar um objetivo ou integrar um novo hábito à sua vida, talvez perceba que não é mais necessário se concentrar nele todos os dias e, consequentemente, poderá retirá-lo de suas afirmações escritas. Atualizar suas afirmações regularmente também impede que elas fiquem sem graça e que você se entedie. É por isso que recomendo digitar suas afirmações em um aparelho eletrônico, como o computador ou celular. Assim você pode atualizá--las com a frequência que desejar.

- **Leia suas afirmações todos os dias.** É importante ser consistente na leitura de suas afirmações, *o ideal é que seja pelo menos uma vez por dia*. Ler uma afirmação de vez em quando é tão eficaz quanto fazer exercícios físicos ocasionalmente. É improvável que você veja qualquer resultado mensurável até que ela faça parte da sua rotina diária. Quanto maior a frequência de leitura, mais rápido elas vão reprogramar seu subconsciente e atualizar seus padrões de pensamento habituais para que fiquem alinhados com o jeito que você quer se sentir (bem) e o que você quer fazer (ser produtivo).

- **Recite suas afirmações com emoção.** Quando você recita suas afirmações, seja em voz alta ou na sua cabeça, eu recomendo se colocar em um estado emocional elevado para reforçar sua convicção e compromisso. Lembre-se: as afirmações do Milagre da Manhã não têm a intenção de ser lidas apenas por ler. Elas são criadas com cuidado e feitas de modo estratégico para programar seu subconsciente e atualizar sua identificação com as crenças, perspectivas e compromissos que você precisa ter e fazer para conquistar os resultados que deseja, enquanto direciona a mente consciente para manter o foco nas suas maiores prioridades e as ações que vão fazer você chegar lá. Para que as afirmações tenham eficácia, é importante envolver suas emoções ao recitá-las. Repetir uma afirmação sem sentir intencionalmente o seu compromisso com ela terá impacto mínimo. É preciso assumir a responsabilidade por gerar emoções autênticas, como empolgação e determinação, e imbuir essas emoções em cada afirmação que recitar. Se isso não for natural para você, ou se você estiver em um estado mental e emocional perpetuamente negativo — desestimulado ou deprimido —, pode ser mais fácil falar do que fazer. Essa situação combina com a Meditação de Otimização Emocional, pois você poderá usá-la para se colocar em um estado elevado antes de recitar suas afirmações. Concentre-se no estado emocional e mental que você quer vivenciar e pergunte-se: "Quando foi a última vez que me senti assim? Qual foi a sensação? Como eu estaria presente agora se eu me sentisse dessa forma? O que eu pensaria? O que eu diria para mim mesmo? O que eu faria? Como eu mexeria meu corpo?" Então pense, fale e se mexa como se estivesse vivenciando essas emoções à flor da pele. Faça isso todos os dias durante o Milagre da Manhã e, com o tempo, você vai condicionar a si mesmo e vivenciar essas emoções de modo natural e autêntico.

*Salvadores de Vida*

# Visualização

---

*Pessoas comuns só acreditam no possível. Pessoas extraordiná-rias não visualizam o que é possível ou provável, e sim o que é impossível. E, ao visualizar o impossível, elas começam a vê-lo como possível.*

— CHÉRIE CARTER-SCOTT

*Veja tudo como você gostaria de ter em vez de como realmente é.*

— ROBERT COLLIER

No dia 6 de maio de 1954, Roger Bannister virou o primeiro ser humano registrado pela história a correr 1.600 metros em menos de quatro minutos, terminando em precisamente três minutos, 59 segundos e quatro milésimos. Antes da proeza inédita de Bannister, ninguém tinha corrido essa distância em menos de quatro minutos, e acreditava-se que isso estava além da capacidade fisiológica do ser humano.

Quando perguntaram como ele conseguiu realizar algo que aparentemente era impossível, Bannister disse que, como parte do seu treinamento, tinha visualizado incansavelmente a conquista para criar uma sensação de certeza na mente e no corpo. Roger é apenas um exemplo

SALVADORES DE VIDA    129

extraordinário de como todos nós podemos usar a visualização para ter o melhor desempenho.

Também conhecida como ensaio mental, a visualização é o processo de imaginar com exatidão o que você quer conquistar ou vivenciar, depois ensaiar mentalmente o que você precisa fazer para conquistar ou vivenciar esse objetivo enquanto gera o estado emocional ideal que vai deixá-lo motivado a fazer o que for necessário para conquistá-lo ou vivenciá-lo. Ela é frequentemente usada por atletas e artistas de elite para ensaiar mentalmente seu trabalho, ajudando na preparação para que tenham seu melhor desempenho.

Sem perceber, nós nos envolvemos em ensaios mentais quase todos os dias, embora frequentemente seja de um jeito prejudicial ao nosso sucesso. Toda vez que pensamos em uma tarefa desagradável ou difícil que não queremos fazer, estamos ensaiando os sentimentos de *não* querer fazer. Se você pensa consigo mesmo "Preciso ir à academia todos os dias depois do trabalho, mas não estou com vontade", então quando chega as 5 da tarde, a mentalidade e as emoções resultantes que você ensaiou inconscientemente no início do dia vão determinar seu comportamento. É assim que ensaiamos *não* fazer o que precisamos fazer e muitas vezes acabamos não fazendo mesmo. Pensar até se convencer de não fazer o que precisa vira um hábito inconsciente que rouba tudo o que desejamos criar para nossas vidas.

A visualização, que pode ser colocada em prática em poucos minutos a cada manhã, é um antídoto para esse hábito inconsciente e destrutivo. Mas, assim como as afirmações, ela pode ser negativa se feita de modo ineficaz.

## Os problemas com a visualização e os quadros de visualização

Desde que o livro e o documentário de sucesso *O Segredo* entraram na cultura popular em 2006, popularizou-se um método de visualização que pode ser ineficaz e contraproducente. Esse método envolve visualizar o que você quer para a vida sem se visualizar envolvido nas atividades necessárias para chegar lá. Nós somos ensinados a recortar e colar fotos da casa, do carro, do corpo e da vida dos nossos sonhos, pois, se fizermos isso, vamos "atrair" tudo o que desejamos para nossa vida.

Embora os quadros de visualização possam ser um projeto divertido de fazer em um fim de semana com sua família e guardar imagens do que você deseja ser, ter ou fazer certamente tem seu valor, não é forma mais eficaz de visualização. Ela também dá uma falsa sensação de esperança, estimulando as pessoas a acreditarem que seu resultado ideal vai virar realidade magicamente só porque elas colocaram um bando de fotos em um quadro. Sem ofensas, mas isso é uma ilusão.

## Os benefícios da visualização (para nós, meros mortais)

Apesar de ser de conhecimento geral que os atletas e artistas de elite usam a visualização para ter o melhor desempenho, eu descobri outro benefício que é mais útil para quem não está competindo nas Olimpíadas ou se apresentando na Broadway. A visualização pode nos ajudar a superar um dos maiores obstáculos entre nós e a conquista do que desejamos para a vida: fazer o que precisamos fazer quando não estamos com vontade.

Seja devido à falta de inspiração, motivação ou disposição, muitas vezes não temos vontade de fazer o que precisamos na hora em que precisamos. Nós permitimos que os sentimentos determinem o comportamento, o que nos leva a procrastinar, já que é sempre mais fácil não fazer nada ou continuar fazendo as coisas como sempre. Quando você descobrir como superar este obstáculo e gerar de modo consistente a clareza e a motivação de que precisa para fazer o que você sabe que deveria estar fazendo, poucos fatores poderão impedir você de atingir seu potencial e conquistar seus objetivos.

Permita-me contar uma história pessoal que ilustra exatamente como você pode usar a visualização para gerar a clareza e a motivação necessárias

SALVADORES DE VIDA    131

para fazer o que precisa ser feito no devido momento, independentemente de estar com vontade ou não.

*Eu odiava correr, odiei por boa parte da minha vida.* Sei que *odiar* é uma palavra forte e raramente a uso, mas eu detestava e evitava correr desde que me entendia por gente. Eu me lembro vividamente de odiar ter que correr na aula de Educação Física no ensino médio. Contudo, no início de 2009, após quase seis meses fazendo o Milagre da Manhã, eu me perguntei o que seria um nível 10 na categoria de forma física e decidi que seria correr uma maratona (42 quilômetros). Eu tinha dois amigos que tinham corrido ultramaratonas (84 quilômetros) e pensei que, se eles conseguiram, *talvez* eu também conseguisse. Apesar de nunca ter corrido mais de 1.600 metros (contra a minha vontade na aula de Educação Física na escola), eu me dei conta de que, para correr 84 quilômetros de uma vez, teria que evoluir muito além do que já tinha conseguido, tanto em termos mentais quanto físicos.

Embora a perspectiva de me transformar em alguém capaz de correr uma ultramaratona fosse empolgante, também era (principalmente) assustadora. Por acaso, a Front Row Foundation, uma organização de caridade de cujo conselho diretor eu faço parte, ia realizar sua corrida anual na Maratona de Atlantic City naquele mês de outubro. Isso me daria seis meses para treinar, então fiz um compromisso com a fundação e anunciei publicamente que treinaria para terminar a ultramaratona a fim de arrecadar dinheiro para a Front Row Foundation. Eu imediatamente comecei a usar a visualização para me ajudar a superar minha resistência à corrida.

Primeiro eu passava aproximadamente uns sessenta segundos visualizando o meu resultado ideal — cruzar a linha de chegada da Maratona de Atlantic City — e imaginava qual seria a sensação. Os benefícios disso eram dois. Primeiro, me ajudava a gerar clareza em relação ao resultado e a fazer com que essa proeza aparentemente impossível ficasse mais real cada vez que eu a visualizava. Segundo, alimentava o meu desejo e gerava motivação para querer transformar aquela visão em realidade.

E o que foi crucial: depois, eu visualizava exatamente o que precisava fazer *naquele dia* para progredir na direção do meu resultado ideal e fazia isso enquanto me colocava no estado emocional elevado que me levaria a tomar a ação necessária para realizar o objetivo. Eu fechava os olhos e imaginava vividamente meu iPhone em cima da mesinha da sala de estar marcando 7 da manhã e o alarme tocando para avisar que era hora da minha corrida. Eu me via saindo do sofá, andando pelo quarto e indo até o armário para trocar de roupa. Eu me via calçando os tênis de corrida, depois indo para a sala de estar e na direção da porta da frente. Eu me via abrindo a porta, olhando para a calçada e sorrindo enquanto dizia a mim mesmo com convicção e entusiasmo: "Estou empolgado para correr hoje porque isso está me permitindo me transformar na melhor versão de mim!" Eu repetia esses sentimentos e criava uma fisiologia coerente, balançando a cabeça e gerando sentimentos de empolgação para a corrida do dia.

Eu não desejava, queria ou esperava os sentimentos que me impulsionaria a sair para correr. Eu *gerava* esses sentimentos. Em poucos minutos, eu tinha ensaiado que estava fazendo as ações necessárias que sabia que precisava fazer para conquistar meu objetivo, enquanto me colocava no estado emocional ideal que me levaria a tomar essas ações naquele horário predefinido.

O resultado final desse método de visualização era o seguinte: quando o alarme do meu telefone tocava e eu lia o visor às 7 da manhã, eu não desligava e pensava *Argh, odeio correr, posso pular o dia de hoje e deixar para amanhã*. Isso não acontecia porque não era o que eu havia ensaiado. Então, quando meu alarme tocava, eu fazia exatamente o que tinha visualizado para aquela manhã, quase automaticamente e com pouca resistência. Eu ficava em pé, ia para o armário, trocava de roupa, atravessava a sala de estar até a porta da frente, abria a porta e assim que via a calçada eu era inundado pelas emoções positivas que tinha gerado mais cedo. Até as mesmas palavras passavam pela minha cabeça: *Estou empolgado para correr hoje porque isso está me permitindo me transformar na melhor versão de mim!* E então eu ia, subitamente capaz e motivado a fazer o que tanto detestei e evitei a minha vida inteira. Esse é o poder e o benefício principal da visualização.

# Três passos para a visualização do Milagre da Manhã

Você pode fazer os Salvadores de Vida em qualquer ordem, mas existe um ritmo interessante ao colocar a visualização logo depois das afirmações, porque você pode visualizar o que acabou de afirmar. O melhor momento para se visualizar agindo de acordo com suas afirmações é após recitar suas afirmações. Aqui estão três passos simples e sequenciais para fazer isso.

## Passo 1: prepare sua mentalidade

Nossa mentalidade define o tom de qualquer experiência. Então lembre que os principais objetivos e benefícios de sua visualização incluem:

- Ver e sentir como será alcançar seu resultado ideal a fim de que você seja capaz de gerar a clareza e a disposição que vão alimentar a motivação para fazer o necessário para conquistá-lo.
- Ensaiar mentalmente o ato de fazer as ações necessárias que você determinou que precisará fazer para conquistar seu resultado ideal.
- Fazer todas as opções anteriores colocando-se em um estado emocional elevado para que você se sinta muito mais impelido a fazer as ações necessárias no momento que você determinou.

O ato de visualizar o próprio sucesso não é particularmente difícil. Mesmo assim, algumas pessoas complicam demais ou têm impasses com ele devido aos próprios medos, inseguranças ou outros obstáculos mentais ou emocionais que fazem o ato ser desconfortável. Outras podem se preocupar com o que as pessoas vão pensar delas por buscar os próprios objetivos ou talvez fiquem com culpa porque seus entes queridos vão se sentir deixados para trás.

Esta famosa citação do livro de Marianne Williamson, *Um retorno ao amor*, deve ser útil para todo mundo que sinta obstáculos mentais ou emocionais quando tenta visualizar:

134  O MILAGRE DA MANHÃ

> Nosso medo mais profundo não é o de sermos inadequados, nosso medo mais profundo é que sejamos poderosos para além de todas as medidas. É nossa luz, não nossa escuridão, o que mais nos assusta. Não é uma atitude esclarecida nós nos encolhermos, nós nos reduzirmos, para que os outros não se sintam inseguros à nossa volta. Somos todos feitos para brilhar, como brilham as criancinhas, e quando deixamos que nossa luz brilhe, inconscientemente estamos dando permissão para os outros fazerem o mesmo. Ao nos libertarmos de nosso próprio medo, nossa presença automaticamente libera os demais.

Pense que o maior dom que você pode dar a alguém que você ame, bem como para as pessoas sob sua liderança, é lutar de modo consistente para atingir seu potencial e poder ajudá-los a fazer o mesmo.

É hora de deixar de lado todos os medos, inseguranças ou preocupações com o que ou outros vão pensar e entrar na mentalidade de possibilidade. O que *você* realmente quer? Esqueça qualquer limitação a que você possa ter se apegado. Lembre-se: você não pode mudar o passado, mas pode mudar todo o resto, a partir de agora. Você é tão digno, merecedor e capaz de criar tudo o que deseja para sua vida quanto qualquer outra pessoa na Terra. Você merece ser feliz, saudável e ter segurança financeira. Agora vamos visualizar o que isso significa para você.

Sente-se com a coluna reta em uma posição confortável. Pode ser em uma cadeira, no sofá, no chão, onde você quiser. Respire profundamente. Feche os olhos, esvazie a mente e prepare-se para visualizar.

## Passo 2: visualize seu resultado ideal

Quando nos visualizamos vivenciando o que queremos, agitamos emoções que levantam nosso ânimo e nos impulsionam em direção a essa visão. Quanto mais vividamente você visualiza o que deseja e mais intensamente você se permite vivenciar *agora* as emoções que sentirá quando tiver alcançado seu objetivo, mais você sente a possibilidade de conquistá-lo se tornar real.

Então vamos começar pelo final. Qual objetivo você gostaria de alcançar? Que melhora ou conquista que você adoraria ver acontecendo em sua vida?

O seu resultado ideal pode ser o sonho de uma vida, como escrever um livro, abrir uma empresa ou conhecer o mundo. Pode ser um objetivo de curto ou longo prazo, como perder cinco quilos, transformar seu casamento, aumentar sua renda ou ser feliz e aproveitar esta vida que você tem a bênção de viver. Ou pode ser algo simples e imediato, como a maneira como você gostaria de acolher seu cônjuge e filhos naquele dia. Seja qual foi o resultado desejado, a visualização ajuda você a ensaiar o acontecimento de modo que esteja pronto para realmente fazer com que ele aconteça.

Após pensar em qual seria o seu resultado ideal em qualquer área da vida, você vai apenas fechar os olhos e imaginar como será quando conquistá--lo, qual será a sensação. Imagine vividamente as sensações positivas que aquele momento vai trazer. Para mim, foi cruzar a linha de chegada na Maratona de Atlantic City. Para você, pode ser melhorar a saúde, expandir sua empresa ou ter uma relação mais profunda com alguém que você ame.

Enquanto visualiza o seu resultado ideal, faça com que seja o mais vívido possível. Veja, sinta, ouça, toque, sinta o gosto e cheiro de cada detalhe de sua visão. Envolva mais do que um sentido para maximizar a eficácia de sua visualização. O objetivo é se ver conquistando o que você decidiu e *vivenciar* a sensação boa de ter seguido em frente e transformado sua visão em realidade. Quanto mais vívida for a sua visão, mais real ela vai ser e mais motivado você vai ficar a tomar as ações necessárias para transformá-la em realidade.

## Passo 3: visualize as ações necessárias (enquanto estiver em um estado emocional elevado)

Depois de passar alguns minutos criando uma imagem mental clara do seu resultado ideal, mostrando a si mesmo o que é possível e imaginando como vai ser vivenciá-lo, o próximo passo é determinar as ações a serem tomadas para conquistar esse resultado e depois ensaiar a realização des-

# 136  O MILAGRE DA MANHÃ

sas ações. Nesse passo, você vai usar a visualização para superar o que é provavelmente o obstáculo mais significativo entre nós e a criação da vida que desejamos: *fazer o que você precisa fazer, quando precisa ser feito, independentemente de ter vontade ou não.* Superar esse obstáculo torna você praticamente imbatível.

Nós geralmente evitamos fazer as ações mais importantes porque elas estão fora da nossa zona de conforto, têm consequências significativas que causam algum nível de medo em nós ou é mais simples não fazê-las. Esse método de visualização é um ensaio mental que prepara você para agir. É a prática de se ver envolvido nas ações mais importantes para *hoje* enquanto se coloca em um estado emocional ideal que vai motivá-lo a realizar essas ações em tempo real.

Basta fechar os olhos, se ver envolvido nas atividades que você precisa realizar hoje (se exercitar, trabalhar, pesquisar, escrever, fazer ligações, se envolver com outras pessoas de modo positivo etc.) e se ver apreciando o processo. É preciso se ver sorrindo enquanto está correndo na esteira, tomado por um senso de orgulho pela disciplina de seguir em frente. Imagine o olhar de determinação no seu rosto ao fazer essas ligações, trabalhar naquele relatório ou finalmente progredir no projeto que você está adiando há tanto tempo. Gerar sentimentos de amor e alegria enquanto ensaia a forma de acolher sua família naquele dia. Visualize-se em um estado mental e emocional elevado, fazendo o que você precisa fazer *hoje* para seguir na direção dos seus resultados ideais.

*Salvadores de Vida*

# Exercícios físicos

*Se você não arrumar tempo para fazer exercícios físicos, provavelmente vai precisar arrumar tempo para cuidar de doenças.*

— **ROBIN SHARMA**

*Os únicos exercícios que a maioria das pessoas fazem é correr para tirar conclusões precipitadas, driblar os amigos, fugir das responsabilidades e correr riscos.*

— **AUTOR DESCONHECIDO**

Todos nós sabemos o quanto a atividade física é importante para manter a saúde, aumentar a força e melhorar a resistência, mas podemos não saber dos benefícios específicos de se exercitar *de manhã*. Os benefícios são significativos demais para serem ignorados — desde transcender rapidamente aquela neblina mental de quem acabou de acordar até despertá-lo mais rapidamente para a clareza e concentração que vão ajudá-lo a manter níveis mais altos de disposição ao longo do dia. Fazer exercícios logo depois de acordar otimiza como você se sente e o desempenho nas tarefas diárias.

Quando você se exercita, mesmo que por apenas alguns minutos, faz o sangue circular e leva oxigênio pelo corpo, aumentando significativamen-

## 138 O MILAGRE DA MANHÃ

te a disposição e as funções cognitivas, permitindo que você pense com mais eficiência e se concentre por mais tempo. Adiar os exercícios adia os benefícios que afetam positivamente a sua produtividade ao longo do dia.

Além disso, se exercitar de estômago vazio (em estado de jejum) comprovadamente queima mais gordura em excesso do que se exercitar após uma refeição. Isso acontece porque, depois de uma noite de sono, o seu suprimento de carboidratos (a fonte de energia preferida pelo corpo) não está prontamente disponível. De acordo com um estudo feito pela Universidade de Cambridge, "quando feito em estado de jejum, o exercício aeróbico de intensidade baixa a moderada induz um aumento na oxidação de gorduras se comparado aos exercícios realizados após o consumo de uma refeição contendo carboidratos".

Para esclarecer, não estou sugerindo que você deva ir à academia ou fazer exercícios pesados de manhã. O que estou sugerindo é que você passe alguns minutos mexendo o corpo e aumentando a frequência cardíaca para obter os benefícios do exercício matinal.

Eu assisti recentemente a uma entrevista animadora com o especialista em desenvolvimento pessoal, autor de sucesso e empreendedor Eben Pagan. Ele estava sendo entrevistado por Tony Robbins, que lhe perguntou: "Eben, qual é o principal segredo do seu sucesso?" Tive uma surpresa agradável quando a resposta de Eben foi: "Eu começo o dia com um ritual de sucesso pessoal. Esse é o segredo mais importante para o sucesso." Em seguida, ele abordou a importância do exercício matinal dizendo que "todas as manhãs você precisa aumentar a frequência cardíaca, fazer o sangue fluir e encher os pulmões de oxigênio. Não se exercite apenas no meio ou no final do dia. E, mesmo se você preferir se exercitar nesses horários, sempre incorpore pelo menos dez a vinte minutos de polichinelos ou algum tipo de exercício aeróbico de manhã".

Ao customizar seu Milagre da Manhã, você vai decidir a quantidade de tempo que deseja dedicar aos exercícios físicos, mas, como verá no próximo capítulo, você pode sentir os benefícios do exercício matinal com um mínimo de sessenta segundos (literalmente). Por enquanto, saiba que não importa o que você faça no período de exercício matinal, se passa alguns minutos fazendo polichinelos, musculação, acompanhando um vídeo de ioga no You-

SALVADORES DE VIDA 139

Tube ou saindo para uma caminhada, corrida ou passeio de bicicleta rápido. O importante é que você se comprometa a colocar o corpo em movimento durante o Milagre da Manhã para fazer o sangue e o oxigênio circularem pelo corpo e cérebro, ajudando você a pensar e se sentir no seu melhor.

## Vamos falar sobre ioga

Para ser claro, eu não sou um praticante. Mas, se tivesse que escolher apenas *uma* forma de exercício físico pelo resto da vida, sem dúvida seria a ioga. O motivo? É uma forma completa e holística de exercício. É completa porque combina alongamento, trabalho de força, cardiovascular, de respiração e até meditação. E é holístico por beneficiar a mente, o corpo e o espírito ao mesmo tempo.

Eu comecei a praticar ioga pouco depois de estabelecer o meu Milagre da Manhã e venho praticando e adorando desde então. Uma das minhas professoras favoritas é a especialista em ioga e escritora mundialmente reconhecida Dashama. Eu a considero uma das professoras mais autênticas, agradáveis e práticas que já vi. Como verdadeira especialista que investiu muito mais do que dez mil horas praticando e ensinando ioga, eu pedi a ela para dividir sua perspectiva singular conosco:

A ioga é uma ciência multifacetada com aplicações nos aspectos físico, mental, emocional e espiritual da vida. Quando Hal me pediu para contribuir com uma breve introdução à ioga para este livro, senti que estava em perfeita sintonia com o Milagre da Manhã. Eu sei por experiência própria que o ioga pode ajudar você a criar milagres em sua vida. Já vivenciei isso e testemunhei em várias outras pessoas a quem ensinei pelo mundo. É importante lembrar que a ioga pode acontecer de várias formas. Na posição sentada em meditação silenciosa, respirando para expandir a capacidade pulmonar ou curvando as costas para abrir o coração, há práticas que podem ajudar todos os aspectos da vida. O segredo é aprender as técnicas a serem praticadas quando você precisa de ajuda e usá-las a seu favor para trazer equilíbrio.

A prática equilibrada de ioga pode melhorar sua vida de muitas formas. Pode curar o que está em desarmonia e movimentar energia estagnada ou bloqueada pelo corpo, criando espaço para novos movimentos fluidos e para que o fluxo sanguíneo e a energia circulem. Eu recomendo que ouça seu corpo e experimente sequências novas à medida que ficar mais confortável.

*Bênçãos e amor,*
*Dashama*

Se você gostaria de experimentar a ioga do conforto de casa, recomendo visitar o YouTube e procurar "ioga" para acessar diversos vídeos guiados de Dashama e outros professores.

## Considerações finais sobre exercícios

Embora todos nós saibamos o quanto os exercícios diários otimizam a saúde e o nível de disposição, pode ser fácil demais procrastinar e criar desculpas para não se exercitar. Duas desculpas mais comuns são "Não tenho tempo" e "Estou muito cansado". Alguma dessas desculpas já impediu você de se exercitar?

É por isso que incorporar os exercícios físicos ao seu Milagre da Manhã muda tudo, porque eles acontecem antes de você ter um dia inteiro para inventar desculpas e evitar o exercício e também antes que o dia desgastante deixe você cansado demais. O Milagre da Manhã é um jeito infalível de transformar os exercícios físicos em hábito diário, que vai permitir a você ter o melhor desempenho físico, mental e emocional a cada dia.

*Aviso*: espero que não seja preciso dizer, mas é preciso consultar seu médico antes de começar qualquer rotina de atividade física, especialmente se estiver sentindo dor ou desconforto ou tiver algum tipo de deficiência. Você talvez precise se adaptar ou até se abster de alguns tipos de exercícios físicos para atender suas necessidades individuais.

*Salvadores de Vida*

# Leitura

*Ler está para a mente assim como o exercício físico está para o corpo e a prece está para a alma. Nós nos transformamos nos livros que lemos.*

— MATTHEW KELLY

*Leitor hoje, líder amanhã.*

— MARGARET FULLER

Dizem que a experiência é nossa melhor professora. Quem disse isso só não esclareceu se a experiência precisa ser nossa ou se nossa maior professora também poderia ser a experiência alheia. Se for o caso, isso explicaria por que a quinta prática dos Salvadores de Vida — a leitura — é um dos métodos mais eficientes e eficazes de adquirir o conhecimento, as perspectivas e as estratégias de que você precisa para mudar, melhorar ou otimizar qualquer área da vida.

É importante esclarecer: estou me referindo a ler conteúdo de não ficção escrito por autores que tiveram resultados de acordo com os que você quer, para que você não precise reinventar a roda. Você pode conquistar tudo o que deseja muito mais rapidamente seguindo o exemplo de alguém que

142    O MILAGRE DA MANHÃ

já conquistou. Com um número quase infinito de livros disponíveis sobre quase todos os assuntos, não existe limite para o conhecimento que você pode obter por meio da leitura diária.

Quer ser mais feliz? Mais saudável? Mais rico? Está querendo abrir uma empresa, correr uma maratona ou ser um pai ou mãe melhor? Existem diversos livros escritos pelos que já fizeram tudo isso e vão ensinar você a fazer o mesmo, encurtando a sua curva de aprendizado e acelerando seu sucesso.

## Por quanto tempo você deve ler?

Nos próximos dois capítulos, vamos explorar várias durações para cada um dos seus Salvadores de Vida, mas eu recomendo dedicar pelo menos dez minutos do Milagre da Manhã à leitura e até mais, se você preferir. Eu reservo vinte minutos do Milagre da Manhã para a leitura (e leio novamente por dez a vinte minutos antes de dormir). Contudo, tenha em mente que basta *uma* grande ideia para mudar sua vida. Então recomendo que você pense na *qualidade em vez da quantidade* e que *menos é mais* quando o assunto é leitura.

Vamos fazer umas contas rápidas para ajudar a colocar em perspectiva como uma quantidade relativamente pequena de leitura diária pode ter um impacto profundo em sua vida. Embora a velocidade de leitura varie naturalmente de pessoa para pessoa, o leitor médio consegue ler cerca de trezentas palavras por minuto. A maioria das estatísticas considera uma página como tendo aproximadamente trezentas palavras, então ler uma página leva por volta de um minuto ou dois, se você estiver lendo mais devagar. Portanto, dez minutos de leitura resultaria em uma média de cinco a dez páginas lidas.

Se você quantificar isso, ler apenas dez páginas por dia vai dar uma média de 3.650 páginas por ano, o que daria aproximadamente 18 livros de duzentas páginas. Deixe-me perguntar: se você ler 18 livros de desenvolvimento pessoal ou profissional nos próximos 12 meses, acha que será mais instruído, capaz e confiante, uma versão nova e melhorada de si mesmo? Sem dúvida! Ler dez páginas por dia não vai acabar com você, vai *levantar* você.

SALVADORES DE VIDA    143

# O que você deve ler?

O que você deve ler é determinado pelos seus objetivos. Em pesquisas, quando perguntam às pessoas o que elas querem mais do que tudo, a resposta número um geralmente é "felicidade". Eu não sei quanto a você, mas estou sempre lutando para ser feliz e aproveitar a vida e aqui estão alguns livros que me ajudaram nisso.

- *The Happiness Equation* [A equação da felicidade], de Neil Pasricha
- *The Happiness Advantage* [A vantagem de ser feliz], de Shawn Anchor
- *A arte da felicidade*, de Dalai Lama
- *Ame a realidade*, de Byron Katie
- *A alma indomável*, *A vida sem amarras* e *A entrega incondicional*, de Michael Singer

Outra das respostas mais populares quando perguntam às pessoas o que elas querem não é surpresa alguma: "mais dinheiro". Se você quiser melhorar a situação financeira, veja alguns dos meus livros favoritos, incluindo os títulos mais novos da minha série *O milagre da manhã*.

- *Pense e enriqueça*, de Napoleon Hill
- *Os segredos da mente milionária*, de T. Harv Eker
- *The Total Money Makeover* [Transforme suas finanças pessoais], de Dave Ramsey
- *O milagre da manhã para empreendedores*, em coautoria com Cameron Herold e Honorée Corder
- *O milagre da manhã para se tornar um milionário*, em coautoria com David Osborn e Honorée Corder

Quer criar um relacionamento incrivelmente amoroso, de apoio mútuo, harmonioso e romântico? É provável que existam mais livros sobre esse assunto do que você consegue ler em uma década. Esses são alguns dos meus favoritos:

# 144 O MILAGRE DA MANHÃ

- *As cinco linguagens do amor*, de Gary Chapman
- *Choose Her Everyday (Or Leave Her)* [Escolha ela todo dia (ou deixe ela)], de Bryan Withrow Reeves
- *Sete princípios para o casamento dar certo*, de Dr. John Gottman e Nan Silver
- *The Miracle Morning for Couples* [O milagre da manhã para casais], em coautoria com Lance e Brandy Salazar e Honorée Corder (para casais que desejam trabalhar juntos no relacionamento)
- *O milagre da manhã para transformar seu relacionamento*, em coautoria com Paul e Stacey Martino e Honorée Corder (para indivíduos que querem melhorar o relacionamento, mas o cônjuge não deseja aplicar o método)

Quer você deseje ser feliz, ganhar mais dinheiro, transformar seus relacionamentos, aumentar a autoconfiança, ser um pai ou mãe melhor ou transformar qualquer outra área da sua vida, visite a livraria local ou acesse a Amazon e você vai encontrar uma infinidade de livros sobre qualquer aspecto da sua vida ou de si mesmo que deseje melhorar. Para quem prefere minimizar a pegada de carbono ou economizar dinheiro, a biblioteca local também é uma fonte de pesquisas maravilhosa.

## Dicas para maximizar o proveito de sua leitura

- **Comece pensando no fim.** Antes de passar a ler todos os dias, pergunte a si mesmo: por que você está lendo aquele livro? O que você quer ganhar com ele? Como você vai aplicar o que está aprendendo? Mantenha esses resultados em mente. Eu convido você a reservar um momento para fazer isso agora, questionando o que deseja obter lendo *este* livro. E o mais importante: você está comprometido em colocar em prática o que aprendeu completando a jornada do Milagre da Manhã em trinta dias no capítulo 10?

## SALVADORES DE VIDA   145

- **Leia textos religiosos.** Alguns praticantes do Milagre da Manhã usam o tempo de leitura para colocar os textos religiosos em dia, como a Bíblia, o Tanakh (A Bíblia hebraica), o Alcorão ou qualquer outro.
- **Faça marcações nos seus livros.** Espero que você esteja seguindo a sugestão que fiz no início deste livro e esteja circulando, marcando, dobrando o canto das páginas e fazendo anotações nas margens dele. Para aproveitar o máximo de qualquer livro e facilitar a revisão do conteúdo no futuro, eu sublinho ou circulo tudo que talvez eu queira reler e faço anotações nas margens para me lembrar por que marquei aquela parte específica. O processo de marcar livros enquanto leio me permite voltar a qualquer momento e recapturar as principais lições, ideias e benefícios em uma fração do tempo sem precisar reler o livro inteiro.
- **Releia para dominar o conteúdo.** Eu recomendo fortemente reler livros úteis de desenvolvimento pessoal. Raramente conseguimos ler um livro uma vez e internalizar todo o conhecimento contido nele. A primeira leitura apenas nos expõe às ideias do livro, mas dominar um conteúdo exige repetição, expondo-nos repetidamente a ideias, estratégias e técnicas específicas até que elas fiquem entranhadas no subconsciente e integradas a nossa vida. Sempre que estou lendo um livro que vai realmente ter um impacto em alguma área da minha vida, eu me comprometo a relê-lo (ou pelo menos as partes que eu sublinhei, circulei e destaquei) assim que termino pela primeira vez. Tenho um espaço especial na estante para os livros que quero reler e muitas vezes os consulto ao longo do ano. Reler exige disciplina, porque geralmente é muito mais divertido ler um livro pela primeira vez. A repetição pode ser chata ou entediante (e é por isso que tão poucas pessoas dominam algo), mas esse é um motivo ainda maior para fazê-lo — desenvolver um nível maior de disciplina.

Por que não experimentar com este livro? Comprometa-se a relê-lo assim que terminar para aprofundar seu aprendizado e dar a si mesmo mais tempo no processo de dominar suas manhãs.

*Salvadores de Vida*

# Escrita

*Não importa o que você escreva, colocar palavras no papel é
uma forma de terapia que não custa um centavo.*

— DIANA RAAB

*Ideias podem surgir de qualquer lugar e a qualquer momento.
O problema de fazer anotações mentais é que a tinta se apaga
rápido demais.*

— ROLF SMITH

A escrita é a prática final dos Salvadores de Vida. Minha forma preferida
de escrever é o diário, ao qual dedico cinco a dez minutos durante o meu
Milagre da Manhã. Ao transferir nossos pensamentos da cabeça para o
papel, obtemos percepções valiosas que de outra forma passariam desper-
cebidas. O elemento da escrita do Milagre da Manhã permite documentar
percepções, ideias, avanços, realizações, sucessos e lições aprendidas, além
de qualquer área de oportunidade, crescimento pessoal ou melhorias.

Apesar de já saber dos benefícios de escrever um diário há anos e ter
tentado manter um algumas vezes, nunca tinha me comprometido com
esse hábito, porque isso nunca fizera parte da minha rotina. Eu costumava

SALVADORES DE VIDA **147**

deixar um diário na cabeceira da cama e, quando chegava em casa tarde da noite, quase sempre inventava a desculpa de que estava cansado demais para escrever. Meus diários ficavam quase todos em branco. E, mesmo guardando vários bem pouco usados na estante, volta e meia comprava um novo e mais caro na ilusão de que, se eu gastasse muito dinheiro nele, sem dúvida escreveria. Parece uma boa teoria, certo? Infelizmente essa estratégia nunca funcionou e por anos fui apenas acumulando diário atrás de diário, cada vez mais caros e igualmente em branco.

Isso foi antes do Milagre da Manhã. Desde o início, o Milagre da Manhã me deu o tempo e a estrutura para escrever em meu diário *todos os dias*, e esse logo virou um dos meus hábitos favoritos. Posso dizer agora que manter um diário se tornou uma das práticas mais gratificantes e recompensadoras da minha vida. Não só aproveito os benefícios diários de direcionar conscientemente meus pensamentos e escrevê-los, como sou capaz de reler meus diários para reviver experiências significativas e obter percepções poderosas.

## Foco na lacuna: isso está ajudando ou prejudicando você?

Nas páginas iniciais deste capítulo, nós falamos sobre usar os Salvadores de Vida para fechar a sua "lacuna de potencial". Os seres humanos estão condicionados a ter o que chamo de *foco na lacuna*. Tendemos a nos concentrar nas lacunas entre onde estamos e onde queremos estar, entre o que conquistamos e o que poderíamos ter, e na lacuna entre quem somos e a visão idealista da pessoa que devemos ser.

O problema disso é que o foco constante na lacuna pode prejudicar a confiança e a autoimagem, nos fazendo pensar que não temos o bastante, não conquistamos o bastante e simplesmente não somos bons o bastante — ou pelo menos não tão bons quanto devíamos ser.

Pessoas de sucesso costumam ser as piores nisso, sempre negligenciando ou minimizando as próprias conquistas, criticando-se a cada pequeno erro e imperfeição, e nunca sentindo que o que fazem é bom o suficiente.

148    O MILAGRE DA MANHÃ

A ironia é que o foco na lacuna é uma parte do motivo pelo qual pessoas de sucesso *têm* sucesso. O desejo insaciável de preencher essa lacuna é o que alimenta a busca da excelência e os motiva a conquistar cada vez mais. O foco na lacuna pode ser saudável e produtivo se vier de uma perspectiva positiva e proativa: "Tenho o comprometimento e a empolgação para desenvolver meu potencial", sem qualquer sensação de que falta algo. Infelizmente, isso quase nunca acontece. A pessoa comum, mesmo a pessoa de sucesso comum, tende a se concentrar com negatividade nas próprias lacunas.

As pessoas de *maior* sucesso, equilibradas e com foco na conquista do sucesso nível 10 em quase todas as áreas da vida, são excessivamente gratas pelo que conquistaram, reconhecem suas conquistas o tempo todo e estão sempre em paz com a situação atual de vida. É uma ideia conflitante: "Estou fazendo o melhor que posso agora e, ao mesmo tempo, posso e vou fazer melhor no futuro." Essa autoavaliação equilibrada bloqueia a sensação de que falta algo, de não ser, ter ou fazer o bastante, mas permite lutar para preencher a lacuna de potencial em todas as áreas da vida.

Quando um dia, uma semana, um mês ou um ano acabam e estamos com o foco na lacuna, é quase impossível fazer uma avaliação precisa do progresso alcançado. Por exemplo, se você tem dez itens na sua lista de tarefas do dia, mesmo se você tenha terminado seis deles, o foco na lacuna o faz sentir que não cumpriu tudo o que gostaria.

A maioria das pessoas faz dezenas, até centenas de tarefas *corretamente* durante o dia e erra algumas outras. Adivinhe do que elas se lembram e o que repassam na cabeça repetidas vezes? Não faz mais sentido se concentrar nas cem tarefas que você acertou? Sem dúvida é mais prazeroso.

Mas o que tudo isso tem a ver com manter um diário? Escrever todos os dias com um processo *estruturado* e estratégico permite que você direcione o foco para o que você realmente fez, os motivos de sua gratidão e o que você se compromete a fazer melhor amanhã. Portanto, você aprecia de forma mais profunda a jornada a cada dia, sente-se bem em relação aos avanços que fez e usa esse nível maior de clareza para acelerar seus resultados.

## A primeira releitura do diário

Após o primeiro ano fazendo o Milagre da Manhã e escrevendo em meu diário todos os dias, eu descobri o que seria um dos aspectos mais benéficos desse processo: a releitura do diário. Na última semana do ano, eu releio todas as entradas do meu diário para aquele ano. Eu pude revisar, relembrar e *reviver* todo o meu ano. Fui capaz de revisitar a minha mentalidade a cada dia e ter uma nova perspectiva do quanto cresci ao longo desse período. Também reexaminei minhas ações, atividades e progressos, ganhando um novo apreço pelo tanto que conquistei nos últimos 12 meses. E o mais importante: revi as lições que tinha aprendido, muitas das quais eu tinha esquecido ao longo do ano.

Também vivenciei o que vou chamar de gratidão 2.0, um tipo de gratidão muito mais profunda do que já havia sentido, em dois níveis diferentes. Eu tive algo que agora chamo de "momento *De Volta para o Futuro*". Tente me acompanhar nessa — e sinta-se à vontade para me imaginar como Marty McFly saindo de um DeLorean 1981. Ao ler o diário e relembrar todas as pessoas, experiências, lições e conquistas pelos quais fui grato ao longo do ano, eu estava revivendo a gratidão que senti no passado. Ao mesmo tempo, eu me sentia grato no presente pelo quanto avancei. Foi uma experiência incrível e um pouco surreal. Mal posso esperar para você vivenciar o mesmo!

Então eu comecei a explorar o maior ponto de valor que poderia ganhar ao revisar meus diários: crescimento acelerado. Eu peguei uma folha de papel em branco, desenhei uma linha no meio e escrevi dois títulos no topo de cada metade: *Lições aprendidas* e *Novos compromissos*. Enquanto relia o diário, eu me vi recapturando dezenas de lições valiosas. Esse processo de recapturar *lições aprendidas* e fazer *novos compromissos* de aplicar essas lições influenciou meu crescimento e desenvolvimento pessoal mais do que quase tudo. Eu devo muito do meu progresso a esse exercício.

## Considerações finais sobre os salvadores de vida

Tudo é difícil antes de ser fácil. Cada experiência nova é desconfortável antes de ser confortável. Quanto mais você pratica os Salvadores de Vida, mais natural e normal eles serão. Lembre que minha primeira vez meditando quase foi a última, pois minha mente não parava e os pensamentos quicavam de modo incontrolável como uma bolinha de pinball. Agora eu adoro meditar. Do mesmo modo, na primeira vez que pratiquei ioga me senti um peixe fora d'água, pois não era flexível, não conseguia fazer as posturas direito e a sensação era estranha e incômoda. Agora, a ioga é meu exercício físico preferido e sou muito grato por ter insistido nela.

Aqui está um excelente conselho da praticante do Milagre da Manhã Alaina Cash, especialmente se houver um ou mais Salvadores de Vida sobre os quais você não se sente confiante:

> Concentre-se em melhorar um dos Salvadores de Vida por vez. Por exemplo, se você não está muito confiante a respeito do silêncio, baixe um aplicativo, acompanhe alguns vídeos do YouTube ou peça ajuda na Comunidade *The Miracle Morning* no Facebook e dê uma atenção extra ao silêncio por uma semana ou até você se sentir mais confiante em relação a ele. Faça isso enquanto mantém a prática dos outros Salvadores de Vida, se puder. Eu já senti os benefícios de me concentrar ou melhorá-los um por vez a cada semana e usar mais recursos externos para me ajudar a ser mais confiante nas práticas. Com isso, eu deixei de me concentrar nos Salvadores de Vida que eram mais fáceis ou prazerosos para mim e passei a equilibrar todos os Salvadores de Vida.

Fique também com a dica de Christopher Moscarino, que compartilhou nas páginas de abertura deste livro como o Milagre da Manhã transformou a situação financeira dele e da esposa:

SALVADORES DE VIDA    151

Comece aos poucos! Coloque em prática de um a dois Salvadores de Vida por vez. Experimente começar com cinco minutos e vá aumentando a partir daí. Se o objetivo é acordar uma hora mais cedo do que faz atualmente, comece com pequenos aumentos, 15 minutos, depois trinta e por aí vai. Comece aos poucos e simplifique e, quando você se der conta, já será um praticante consistente do Milagre da Manhã.

No capítulo 8, você vai aprender a personalizar quase todos os aspectos do ritual. Por enquanto, temos um exemplo de uma rotina bem comum (de sessenta minutos) do Milagre da Manhã usando os Salvadores de Vida:

- Silêncio (10 minutos)
- Afirmações (10 minutos)
- Visualização (5 minutos)
- Exercícios físicos (10 minutos)
- Leitura (20 minutos)
- Escrita (5 minutos)

A ordem em que você faz os Salvadores de Vida pode ser ajustada. Por exemplo, algumas pessoas preferem se exercitar primeiro para fazer o sangue fluir e ficar mais alerta. Contudo, você pode preferir o exercício físico por último para não ficar suado durante o resto do Milagre da Manhã. Eu prefiro começar com um período de silêncio pacífico e com propósito para acordar devagar, clarear a mente e otimizar meu estado mental e emocional para o dia.

Eu convido você a começar a praticar os Salvadores de Vida agora para se familiarizar, ficar confortável com cada um deles e já ter uma ideia do processo antes de começar sua jornada de transformação de vida no capítulo 10. Se a sua maior preocupação ainda é encontrar tempo para isso, não se preocupe. Eu vou te ajudar. No próximo capítulo, você vai aprender a fazer todo o Milagre da Manhã, recebendo todos os benefícios dos seis Salvadores de Vida em apenas seis minutos por dia.

*Capítulo 7*

# O Milagre da Manhã de seis minutos

## (Para os dias em que você estiver sem tempo)

*Por um lado, todos nós queremos ser felizes. Por outro lado, todos nós sabemos o que nos deixa felizes. Mas não fazemos isso. Por quê? É simples, estamos ocupados demais. Mas ocupados demais fazendo o quê? Tentando ser felizes.*

— MATTHEW KELLY

*Não tenho tempo para acordar cedo.*

— AUTOR DESCONHECIDO

Ah, você não tem tempo? Que estranho, achei que eu fosse o único.

Uma das preocupações mais comuns que ouço de pessoas novas no Milagre da Manhã é a dificuldade de acrescentar qualquer outra tarefa à vida que já é caótica. Claro que acrescentar o Milagre da Manhã deixa a vida menos caótica, pois você fica mais em paz, concentrado, produtivo e capaz de lidar com tudo o que aparecer pela frente. Mesmo assim, sempre vai haver alguns dias em que você não tem trinta ou sessenta minutos para fazer o ritual.

Muitos de nós tendemos a uma mentalidade de tudo ou nada quando se trata de quanto tempo devemos reservar para fazer algo. No começo me vi fazendo exatamente isso com o Milagre da Manhã. Se eu não tinha a hora completa que desejava, eu simplesmente pulava a prática. Mas percebi que isso não era o ideal. Primeiro porque fazer qualquer coisa focada em seu desenvolvimento pessoal quase sempre é melhor do que não fazer nada. Então, um dia eu tinha um compromisso cedo. Depois de me vestir, eu só tinha 15 minutos até precisar sair de casa. Estava prestes a pular o Milagre da Manhã quando pensei: *E se eu fizesse um minuto para cada um dos Salvadores de Vida?*

Sentei no sofá, programei o temporizador no celular e comecei o primeiro Milagre da Manhã de seis minutos.

Imagine se os primeiros seis minutos de suas manhãs fossem assim:

- **Minuto 1 — Silêncio**: em vez de correr direto para o seu dia caótico — estressado e sobrecarregado —, você passa o primeiro minuto quieto e apreciando um período de silêncio pacífico e com propósito. Sentado, você respira lenta e profundamente, sem nada nem ninguém exigindo sua atenção. Talvez você diga uma prece de gratidão para apreciar o momento ou faça uma prece em busca de orientação em sua jornada. Talvez você faça um minuto de meditação. Enquanto fica em silêncio, você está totalmente presente no momento. Você acalma a mente, relaxa o corpo e permite que todo o seu estresse se dissolva.

- **Minuto 2 — Afirmações**: você pega suas afirmações do Milagre da Manhã — afirmações que articulam claramente e lembram você das melhoras que se compromete a fazer em sua vida, dos motivos pelos quais elas significam tanto para você e das ações que são responsabilidade sua para garantir a conquista de tudo o que deseja. Você as lê de cima a baixo e, à medida que se concentra no que é mais importante para você, o nível de motivação interna aumenta ao perceber que a cada dia você está transformando suas afirmações em realidade.

## 154  O MILAGRE DA MANHÃ

- **Minuto 3 — Visualização**: você fecha os olhos e visualiza o que precisa fazer hoje para conquistar seus objetivos. Visualiza o dia correndo perfeitamente, se vê apreciando seu trabalho, sorrindo e se divertindo com as pessoas que você ama e conquistando tudo o que pretende conquistar naquele dia. Você vê como vai ser, sente e vivencia a alegria do que vai criar. Você ensaia estar em um estado emocional elevado, que vai revisitar nos momentos adequados durante o dia. Ver e sentir que está presente em seu melhor faz você se lembrar do quanto é capaz e dá uma sensação de confiança.

- **Minuto 4 — Escrita**: você escreve algo que se sente grato de ter em sua vida, depois coloca a mão no coração e experimenta uma gratidão profunda. Com os trinta segundos restantes, você otimiza sua produtividade definindo, por escrito, sua prioridade máxima para o dia, a fim de garantir que você progrida rumo a um objetivo nível 10. Em apenas sessenta segundos de escrita, você conseguiu aumentar o bem-estar emocional e melhorar a produtividade para o dia.

- **Minuto 5 — Leitura**: agora você abre o livro que está lendo e, em apenas um minuto, vai aprender algo útil que poderá aplicar na vida. Talvez seja uma nova perspectiva que ajude você a ver a vida por outro ângulo. Ou, melhor ainda, talvez você aprenda algo tangível que possa incorporar ao seu dia e que vai melhorar seus resultados no trabalho ou nos relacionamentos. Você se sente empoderado com esse novo conhecimento que poderá usar para melhorar sua vida.

- **Minuto 6 — Exercício**: por fim, você se levanta e passa o último minuto envolvido em exercícios físicos, mexendo o corpo por sessenta segundos. Você pode correr sem sair do lugar, fazer um minuto de polichinelos, flexões ou ainda abdominais. Pode ser que você nem sue, mas o objetivo é elevar a frequência cardíaca, gerar energia e aumentar o fluxo de sangue e oxigênio para o cérebro, reforçando sua capacidade de se manter alerta e concentrado.

Como você se sentiria se usasse os seis minutos iniciais de cada dia dessa forma? Como a qualidade do seu dia e da sua vida melhorariam?

Para ser bem claro, não estou sugerindo que você limite o seu Milagre da Manhã a seis minutos por dia, pois investir mais tempo nos Salvadores de Vida (o ideal seria de trinta a sessenta minutos) certamente aprofunda o impacto da prática. Mas, nos dias em que você está sem tempo, o Milagre da Manhã de seis minutos ainda fornece uma base poderosa para acelerar seu desenvolvimento pessoal e se colocar em um estado físico, mental e emocional elevado a fim de otimizar seu dia.

Além do mais, o Milagre da Manhã de seis minutos elimina sua desculpa de "não ter tempo" e permite que você pratique o ritual de modo consistente. Essa consistência é crucial para criar o hábito da prática diária.

*Capítulo 8*

# Customize seu Milagre da Manhã

*O Milagre da Manhã é incrível. Ele proporcionou novos níveis de clareza, concentração e energia à minha vida. O melhor é que pode ser uma rotina diferente para cada pessoa, dependendo dos seus objetivos e de sua agenda. Para mim, como dona de um negócio e mãe de uma criança de 1 ano, tem sido um momento para refletir, rezar, me concentrar nos meus objetivos e sonhos, fazer exercício e desestressar. A prática também me dá um tempo valioso para ser grata pelas pessoas, pelos eventos e bênçãos na minha vida. Todos temos as mesmas 168 horas em uma semana, então comece a usar o Milagre da Manhã e descubra milagres em sua vida que nem sabia que existiam!*

— Katie Heaney (Saint Louis, Missouri)

O seu Milagre da Manhã é totalmente personalizável. Desde o horário em que acorda e as atividades que você faz para cada um dos Salvadores de Vida até o tempo que passa em cada uma delas, tudo cabe a você. Não há limites quando se trata de personalizar o seu Milagre da Manhã de modo a encaixá-lo no seu estilo de vida e ajudar você a conquistar seus objetivos mais significativos. Neste capítulo, vou dar algumas ideias e estratégias a

CUSTOMIZE SEU MILAGRE DA MANHÃ   157

fim de fazer a personalização funcionar para você. Também vou abordar quando (e o que) comer de manhã, como alinhar o Milagre da Manhã com seus grandes objetivos e sonhos, o que fazer nos fins de semana, uma dica para superar a procrastinação e muito mais.

Além disso, vou incluir exemplos de diferentes Milagres da Manhã da vida real, feitos por indivíduos que vão de pais que não trabalham fora e empreendedores a estudantes do ensino médio e universitários para se adequar aos seus horários, prioridades e estilos de vida.

## Seja flexível com o Milagre da Manhã e os Salvadores de Vida

Isso pode soar totalmente contraintuitivo, mas me acompanhe. Você na verdade não precisa fazer o Milagre da Manhã *de manhã*.

Hein?

É claro que há vantagens inegáveis de acordar cedo e ter um começo de dia proativo, e já as discutimos bastante. Contudo, para alguns indivíduos, suas agendas e estilos de vida podem simplesmente não permitir isso. É óbvio que alguém que trabalha à noite, ou mesmo até tarde da noite, terá um horário de despertar diferente de alguém que está na cama às 21 horas todo dia.

Considerando que cada pessoa tem uma agenda, é importante lembrar que a essência do Milagre da Manhã é acordar mais cedo do que você *precisa* acordar e dedicar a *primeira parte do seu dia* ao desenvolvimento pessoal. Se você dirige um caminhão ou trabalha em um hospital das 22 horas às 6 da manhã e normalmente dorme até as 2 da tarde, o seu Milagre da Manhã pode começar às 13h30. O que importa é começar seu dia com os Salvadores de Vida, para iniciar o dia no auge físico, mental, emocional e espiritual, não importa em que horário.

Outras pessoas podem ter um horário mais quebrado, imprevisível ou inconsistente, como um médico ou enfermeiro de plantão ou os pais de um

## 158 O MILAGRE DA MANHÃ

bebê. Se esse é o seu caso e você está sentindo que isso pode não funcionar, eu também posso te ajudar. Pense que os Salvadores de Vida representam seis das práticas de desenvolvimento pessoal mais atemporais e comprovadas, cujos benefícios *não* estão restritos às manhãs.

Eu já vi mães de recém-nascidos publicando na Comunidade *The Miracle Morning* que dividem os Salvadores de Vida e fazem um ou dois por vez enquanto os bebês estão dormindo. Também vi trabalhadores de Nova York dizendo que fazem os Salvadores de Vida durante a viagem de metrô para o trabalho. O que importa é encontrar um jeito de praticá-los, e sempre existe um jeito quando você se compromete.

Veja a história de Molly Mathews, mãe de dois filhos que vem fazendo o Milagre da Manhã de modo consistente há um ano:

> Fui apresentada ao Milagre da Manhã há cerca de um ano, após vários mentores de sucesso recomendarem fortemente a prática. Eu comecei como mãe, estava em casa cuidando de duas crianças e lutando a cada dia para conseguir fazer tudo, sentindo-me esgotada e exausta. Dei início à prática incorporando os Salvadores de Vida por apenas cinco minutos em cada categoria, acordando de trinta a quarenta minutos mais cedo que meus filhos, e percebi uma melhora quase imediata no meu dia. Passei a ter mais disposição e clareza e me senti uma mãe melhor. Minha saúde mental e a felicidade como um todo aumentaram drasticamente! Desde então eu acrescentei mais tempo para cada um dos Salvadores de Vida. Nem sempre consigo fazer todos antes dos meus filhos acordarem, mas o simples fato de dedicar um tempo para mim no início do dia faz uma grande diferença. Se eu não consigo completar todos os Salvadores de Vida assim que acordo, então faço questão de terminá-los no horário da soneca das crianças. Agora eu administro duas empresas nas horas vagas, sou mãe e esposa em tempo integral e tenho muito mais paixão e empolgação pela vida! Estou feliz demais por ter encontrado o Milagre da Manhã!

Então, embora começar o dia com o Milagre da Manhã seja o ideal, comprometer-se a fazer os Salvadores de Vida a cada dia, independentemente do tempo, ordem ou duração, não importa o que aconteça, é o que vai permitir a você crescer e evoluir cada vez mais, transformando-se na pessoa que precisa ser para criar e vivenciar tudo o que deseja para sua vida.

## E os fins de semana?

Quando estava fazendo pesquisas para este livro, encontrei uma citação da Oprah Winfrey com a qual me identifiquei: "Acordar cedo no sábado me dá a vantagem de terminar meu trabalho com um estado mental muito relaxado. Há uma sensação de pressão por tempo nos dias de semana que não existe nos finais de semana. Se acordo cedo de manhã, antes de todo mundo, posso planejar o dia, ou pelo menos minhas atividades, com a mente relaxada." Assino embaixo. Como muitos novatos, quando comecei no Milagre da Manhã, eu o fazia apenas de segunda a sexta e tirava os fins de semana de folga. Não demorou muito para que me desse conta de que todo dia quando eu fazia meu Milagre da Manhã eu me sentia melhor, mais realizado e produtivo, enquanto a cada dia que dormia até mais tarde acordava me sentindo letárgico, desconcentrado e improdutivo.

Experimente por conta própria. Você pode começar como eu fiz: praticando o Milagre da Manhã durante a semana e tentando tirar os fins de semana de folga. Veja se há diferença nessas manhãs de sábado e domingo. Se você sentir, como acontece com muitas pessoas, que *todo dia* é melhor quando você começa com o Milagre da Manhã, poderá até descobrir que os finais de semana são o seu momento favorito para fazê-lo.

## Quando, por que e o que comer de manhã

Até este ponto, você pode estar se perguntando: *Quando eu tomo café da manhã no meu Milagre da Manhã?* Além de *quando* você come, *o que*

## 160 O MILAGRE DA MANHÃ

você escolhe comer é ainda mais importante, e *por que* você escolhe seus alimentos pode ser o mais importante de tudo.

## Quando comer

Tenha em mente que digerir alimentos é um dos processos pelos quais o corpo passa a cada dia que mais consome energia. Quanto maior a refeição, quanto mais comida você der ao seu corpo para digerir, mais cansado você se sentirá. Com isso em mente, recomendo alimentar-se *depois* do seu Milagre da Manhã. Isso garante que, para concentração e estado de alerta ideais durante os Salvadores de Vida, seu sangue estará fluindo para o cérebro em vez de para o estômago a fim de digerir a comida.

Se você sente que precisa comer algo assim que acorda, faça uma refeição pequena, leve e de digestão fácil, como uma fruta fresca ou uma vitamina, e que inclua gorduras saudáveis para alimentar seu cérebro (falarei mais sobre isso em breve).

## Por que comer

Vamos reservar um momento para discutir *por que* você come as comidas que come. Quando está fazendo compras no mercado ou escolhendo algo no cardápio de um restaurante, quais critérios você usa para selecionar os alimentos que colocará dentro do corpo? As suas escolhas são baseadas puramente no sabor? Na textura? Na conveniência? São baseadas na energia, na saúde? Na disposição? Na longevidade?

A maioria das pessoas come o que come primeiro por causa do *sabor* e, em nível mais profundo, por conta da ligação emocional com as comidas cujo sabor aprecia. Se você perguntasse a alguém "Por que você tomou aquele sorvete?", "Por que bebeu aquele refrigerante?" ou "Por que trouxe para casa aquele frango frito?", é provável que ouvisse respostas como "Hmm, porque eu amo sorvete!", "Gosto de beber refrigerante!" ou "Estava com vontade de comer frango frito". Todas essas respostas são baseadas no prazer emocional derivado, antes de tudo, do sabor dessas comidas. Nesse caso, essa pessoa provavelmente não dirá que escolheu tais comidas em função de quanto valor elas acrescentarão à sua saúde ou quanta energia sustentada obterão.

Meu ponto é o seguinte: se quisermos ter mais energia (o que todos queremos) e se desejarmos uma vida saudável e livre de doenças (o que todos desejamos), então é crucial reexaminarmos por que comemos o que comemos e principalmente *começarmos a valorizar os benefícios e as consequências energéticas daquilo que ingerimos tanto quanto ou mais do que o sabor*. Não estou dizendo de forma alguma que devemos comer alimentos que não sejam gostosos em troca dos benefícios de saúde e energia. O que digo é que podemos ter as duas coisas. Que, se você deseja viver cada dia com uma abundância de energia para ter o melhor desempenho e uma vida longa e saudável, precisa escolher mais alimentos que contribuam para a sua saúde e deem energia prolongada, além de serem deliciosos.

## O que comer (e beber)

Antes de falarmos sobre o que comer, paremos um segundo para falar sobre o que *beber*. Lembre que o quarto passo da estratégia de cinco passos à prova de botão de soneca (ver capítulo 5) é beber um copo cheio de água assim que acordar para se reidratar e reenergizar depois uma noite inteira de sono. E ganha pontos extras se acrescentar um pouco de sal marinho e um suco de limão espremido na hora. O sal marinho pode ajudar a equilibrar seus níveis de sódio e potássio. Essa é uma questão para muitas pessoas, mas elas nem percebem. Quando dissolvido na água, o sódio e o potássio se transformam em íons que são essenciais para a saúde neurológica, o funcionamento do sistema cardiovascular e a saúde celular. O suco de limão ajuda a alcalinizar o corpo, o que é benéfico para equilibrar a alimentação geralmente ácida que a pessoa comum consome.

Quanto ao que comer, foi provado que uma dieta rica em *alimentos vivos*, como frutas e verduras orgânicas, além de gorduras saudáveis para o

## 162  O MILAGRE DA MANHÃ

cérebro, vai aumentar muito o seu nível de energia, melhorar sua concentração e bem-estar emocional, manter você saudável e protegê-lo de doenças.

Depois de beber um copo de água, o primeiro alimento que consumo é uma colher de sopa de óleo de coco orgânico, disponível na maioria das lojas de comida saudável. Isso dá alimento para o meu cérebro começar o dia, se envolver no Milagre da Manhã e colocar algo no estômago para tomar junto com minhas vitaminas.

Por volta das 7h30, enquanto estou ajudando Ursula a preparar as crianças para a escola, eu faço o que chamo de vitamina de superalimentos do Milagre da Manhã: rica em nutrientes e com baixo teor de açúcar, é uma batida de nozes-pecãs, sementes de chia, frutas vermelhas, espinafre, nibs de cacau, chá verde, polvilhada por cima com um suplemento proteico de baunilha à base de plantas. Em um só copo, consumimos alimentos orgânicos, gorduras boas, fitonutrientes, cafeína, polifenóis e muitos outros compostos benéficos à nossa imunidade. Eu também mudo os ingredientes regularmente para não enjoar. Você encontra a receita mais atualizada em MiracleMorning.com/Brazil. Assim, você pode deixar a receita impressa do lado do liquidificador em vez deste livro. Se você for como eu, às vezes pode se esquecer de encaixar a tampa do liquidificador e acabar com a cozinha cheia de vitamina (uma história real). E isso definitivamente *não* é um milagre da manhã!

Lembre-se do velho ditado: "Você é o que come." Cuide do seu corpo para que seu corpo cuide de você. Eu recomendo usar a regra do 80/20: desde que 80% das suas escolhas alimentares sejam saudáveis, você pode esbanjar um pouco nos outros 20%. Eu faço da seguinte forma: sigo uma dieta orgânica e à base de plantas nas primeiras dez a 12 horas em que estou acordado (vitamina de café da manhã, salada no almoço, frutas secas orgânicas para os lanches), que fornece ao meu corpo e cérebro uma abundância de energia. Depois, para o jantar, eu costumo comer uma pequena porção de carne de alta qualidade, como frango caipira, peixe pescado na natureza, carne bovina a pasto e por aí vai, junto com uma porção de vegetais orgânicos. Pense nessa dieta como "vegana de dia, paleolítica à noite".

## Como usar os Salvadores de Vida para conquistar seus objetivos e sonhos

A maioria de nós tem objetivos que quer conquistar ou mudanças que busca fazer, e os praticantes do Milagre da Manhã usam os Salvadores de Vida para aumentar sua capacidade de conquistar seus objetivos e fazer as mudanças que desejam. Isso é particularmente verdadeiro para quaisquer objetivos que estejam adiando ou para os quais não consigam arrumar tempo, como abrir uma empresa ou escrever um livro. Os Salvadores de Vida vão melhorar totalmente a capacidade de manter o foco nos seus objetivos e identificar o que você precisa fazer a cada dia para avançar de modo consistente rumo ao progresso.

Por exemplo, use um pouco do tempo que passa em silêncio para contemplar seus objetivos e personificar o estado mental e emocional que vai ajudar você a conquistá-los.

Ao criar as afirmações usando a fórmula focada em resultados que aprendeu anteriormente, incorpore os objetivos e sonhos mais importantes para que suas afirmações reforcem continuamente sua clareza e compromisso de seguir em frente. Lê-las diariamente vai mantê-lo focado em suas maiores prioridades e nas ações necessárias para conquistá-las.

Quando fizer a visualização matinal, imagine-se curtindo o processo de conquistar seus objetivos sem esforço (como fiz quando treinei para a ultramaratona) e tenha uma imagem clara de como vai ser quando você conquistá-los. Lembre-se de manter um estado emocional ideal ao visualizar, pois ele vai motivar você a realizar as ações que afirmou. Quanto mais vívida e envolvente for a sua visão, mais eficaz ela será em aumentar seu desejo e motivação para dar os passos necessários rumo aos seus objetivos todos os dias.

Os exercícios são uma espécie de anomalia nesse caso (a menos que seus objetivos sejam relacionados à forma física), mas você sempre pode ouvir podcasts ou audiolivros relacionados aos objetivos que está buscando enquanto faz exercícios físicos. Tenho uma amiga que grava a si mesma recitando suas afirmações e depois ouve enquanto corre na esteira.

Ao decidir os livros e artigos que vai ler, opte pelos que estão alinhados com seus objetivos para acelerar a conquista deles. Se quiser melhorar o casamento ou ganhar mais dinheiro, fazer a leitura de livros sobre esses temas vai inevitavelmente aumentar suas chances de sucesso. Lembre-se: eu comecei o Milagre da Manhã durante a Grande Recessão, quando estava falido e endividado, e foi lendo *Book Yourself Solid* [Como se tornar requisitado], de Michael Port, que aprendi as estratégias necessárias para conquistar mais clientes e mudar minha situação financeira.

Por fim, o seu tempo de escrita pode ser totalmente concentrado nos seus objetivos. Você pode fazer um *brainstorm* das várias formas de conquistar seus objetivos, organizar por escrito suas prioridades, reconhecer o progresso que já fez, refletir sobre o seu esforço e identificar as áreas em que precisa ajustar sua abordagem.

Independentemente de quais forem os seus objetivos, seja melhorar seu casamento, aumentar a renda, perder peso, vencer o câncer, começar um blog, mudar de carreira, virar empreendedor ou qualquer outro resultado significativo, a rotina diária de Salvadores de Vida vai ajudar você a estar em seu melhor a cada dia para conquistá-los.

## Mantendo seu Milagre da Manhã novo, divertido e empolgante!

Nos últimos 15 anos, eu estimo que tenha feito aproximadamente 4.500 Milagres da Manhã. Nesse período, percebi que meu Milagre da Manhã nunca vai parar de evoluir. Embora ainda pratique os Salvadores de Vida todos os dias e não veja motivo para parar de vivenciar os benefícios dessas seis práticas, acho importante misturar um pouco e manter a variedade no seu Milagre da Manhã para que não fique ultrapassado ou entediante.

Por exemplo, você pode mudar sua rotina de exercícios físicos todo mês e pode experimentar várias meditações, guiadas ou não. Como mencionei ao falar de afirmações, à medida que você continua aprendendo, crescendo e elevando sua consciência, suas afirmações deverão ser atualizadas para refletir a pessoa em quem você está se transformando e seus objetivos atuais. Naturalmente os livros que você vai ler vão mudar à medida que terminar cada um deles, reservando sempre algo novo para aguardar ansiosamente.

Você também pode adaptar o Milagre da Manhã com base nas mudanças no seu horário, nas circunstâncias e nas prioridades para o dia. Quando estou me preparando para uma palestra, eu uso a visualização para praticar e ensaiar minha apresentação. Quando estou viajando e me hospedando em hotéis, ajusto o Milagre da Manhã de acordo com o lugar e a ocasião. Por exemplo, se minha palestra, oficina ou conferência está marcada para a noite, mudo o meu horário de acordar e começar a prática para mais tarde. Enquanto escrevo este livro (meu objetivo número um no momento), os Salvadores de Vida estão concentrados em me ajudar a terminá-lo.

## Considerações finais sobre como customizar seu Milagre da Manhã

Humanos precisam de variedade. Para muitos de nós, é importante renovar sempre o Milagre da Manhã para dar a ele um ar de novidade. Uma vez eu reclamei com meu mentor, Jesse, que o trabalho de representante de vendas estava ficando repetitivo e chato. A resposta dele foi: "O trabalho é chato por culpa de quem? E de quem é a responsabilidade de torná-lo divertido de novo?" Foi uma lição valiosa sobre responsabilidade pessoal que nunca esqueci. Sejam nossas rotinas ou nossos relacionamentos, é reponsabilidade nossa agir de modo ativo e comprometido para que eles sejam como queremos que sejam.

*Capítulo 9*

# De insuportável a imbatível

## A estratégia simples de três fases para formar um hábito (em trinta dias)

*Pessoas bem-sucedidas não nascem com sucesso. Elas se tornam bem-sucedidas estabelecendo o hábito de fazer coisas que pessoas malsucedidas não gostam de fazer. As pessoas de sucesso nem sempre gostam de fazer tais coisas; elas apenas seguem em frente, e as fazem.*

— DON MARQUIS

*Motivação é o que faz você começar. Hábito é o que faz você continuar.*

— JIM ROHN

Já foi dito que nossa qualidade de vida é criada pela qualidade dos nossos hábitos. Se uma pessoa tem uma vida feliz, saudável e bem-sucedida no geral, então ela tem os hábitos que estão criando e mantendo seus níveis de felicidade, saúde e sucesso. Por outro lado, se alguém não está experimentando os níveis de sucesso que deseja, essa pessoa provavelmente não

DE INSUPORTÁVEL A IMBATÍVEL   **167**

se comprometeu a adotar os hábitos necessários para criar os resultados que deseja. Mantenha os hábitos e os resultados virão.

Espero que, a esta altura de nossa jornada por este livro, você esteja ansioso para manter o Milagre da Manhã como hábito diário a fim de ajudar você a alcançar a vida que merece. Neste capítulo, você vai aprender uma abordagem simples para estabelecer novos hábitos e, no capítulo seguinte, vamos mostrar como aplicar essas técnicas a sua primeira jornada de transformação do Milagre da Manhã em trinta dias.

Considerando que nossos hábitos determinam boa parte da nossa qualidade de vida, não há uma única *habilidade* que seja mais importante para você aprender e dominar do que controlá-los. Você deve identificar, implementar e manter os hábitos necessários para criar os resultados que deseja obter, enquanto aprende a abrir mão de qualquer hábito negativo que o esteja impedindo de atingir seu verdadeiro potencial.

Hábitos são comportamentos repetidos regularmente e tendem a ocorrer subconscientemente. Quer você se dê conta ou não, sua vida foi, tem sido e continuará a ser criada pelos seus hábitos. Se você não controlar os hábitos, seus hábitos irão controlá-lo.

Infelizmente, se você é como o resto de nós, não aprendeu a otimizar os hábitos desde a infância. Não existe uma aula de Introdução aos Hábitos na escola, mas teria sido a aula mais valiosa a que poderíamos ter assistido. Por isso, não só tendemos a entrar na vida adulta com um arsenal de hábitos ruins como acrescentamos outros à medida que envelhecemos. Felizmente, agora existem diversos artigos e livros sobre o importante tema dos hábitos, incluindo best-sellers como *Hábitos atômicos*, de James Clear; *Micro-hábitos*, de B. J. Fogg; *O poder da alta performance*, de Brendon Burchard; e *Cadeia de hábitos*, de S. J. Scott.

Mas, se nunca aprendemos a implementar e manter hábitos positivos, não surpreende que a maioria de nós fracasse em quase todas as tentativas de melhorá-los. Vejamos as promessas de Ano-Novo, por exemplo.

## Fracasso habitual: promessas de Ano-Novo

Todo ano, milhões de indivíduos bem-intencionados fazem promessas de Ano-Novo, mas poucos as seguem. Uma promessa dessas é, na verdade, apenas um hábito *positivo* (como fazer exercícios ou acordar cedo) que você quer incorporar, ou um hábito *negativo* (como fumar ou comer fast-food) do qual você quer se livrar. Você não precisa de uma estatística para saber que, quando se trata de promessas de Ano-Novo, a maioria das pessoas joga a toalha antes mesmo que janeiro chegue ao fim.

Talvez você tenha visto esse fenômeno em tempo real. Se você alguma vez foi à academia na primeira semana de janeiro, então sabe como pode ser difícil encontrar vaga para seu carro. A academia está lotada de pessoas com a meta de perder peso e entrar em forma. Contudo, se você voltar à academia mais para o final do mês, perceberá que metade do estacionamento estará vazia. Sem estar armada com uma estratégia comprovada para manter seus novos hábitos, a maioria das pessoas desiste.

Por que é tão difícil implementar e manter os hábitos necessários para sermos felizes, saudáveis e bem-sucedidos? Primeiro porque somos, de certa forma, viciados em nossos hábitos. Seja em termos psicológicos ou físicos, uma vez que um hábito foi reforçado por meio de várias repetições, pode ser muito difícil mudá-lo. Aqui estão os três motivos mais comuns para as pessoas não conseguirem criar e manter hábitos:

- Não saber quanto tempo leva para formar um novo hábito. Sem um limite de tempo predeterminado, parece que vai levar uma eternidade. Quem tem tanto tempo assim?
- Não ter expectativas claras de como o processo vai acontecer, então elas se afastam diante de qualquer desconforto físico, psicológico ou desafio inesperado.
- Não ter uma estratégia simples e eficaz para seguir e garantir o sucesso nessa empreitada.

se comprometeu a adotar os hábitos necessários para criar os resultados que deseja. Mantenha os hábitos e os resultados virão.

Espero que, a esta altura de nossa jornada por este livro, você esteja ansioso para manter o Milagre da Manhã como hábito diário a fim de ajudar você a alcançar a vida que merece. Neste capítulo, você vai aprender uma abordagem simples para estabelecer novos hábitos e, no capítulo seguinte, vamos mostrar como aplicar essas técnicas a sua primeira jornada de transformação do Milagre da Manhã em trinta dias.

Considerando que nossos hábitos determinam boa parte da nossa qualidade de vida, não há uma única *habilidade* que seja mais importante para você aprender e dominar do que controlá-los. Você deve identificar, implementar e manter os hábitos necessários para criar os resultados que deseja obter, enquanto aprende a abrir mão de qualquer hábito negativo que o esteja impedindo de atingir seu verdadeiro potencial.

Hábitos são comportamentos repetidos regularmente e tendem a ocorrer subconscientemente. Quer você se dê conta ou não, sua vida foi, tem sido e continuará a ser criada pelos seus hábitos. Se você não controlar os hábitos, seus hábitos irão controlá-lo.

Infelizmente, se você é como o resto de nós, não aprendeu a otimizar os hábitos desde a infância. Não existe uma aula de Introdução aos Hábitos na escola, mas teria sido a aula mais valiosa a que poderíamos ter assistido. Por isso, não só tendemos a entrar na vida adulta com um arsenal de hábitos ruins como acrescentamos outros à medida que envelhecemos. Felizmente, agora existem diversos artigos e livros sobre o importante tema dos hábitos, incluindo best-sellers como *Hábitos atômicos*, de James Clear; *Micro-hábitos*, de B. J. Fogg; *O poder da alta performance*, de Brendon Burchard; e *Cadeia de hábitos*, de S. J. Scott.

Mas, se nunca aprendemos a implementar e manter hábitos positivos, não surpreende que a maioria de nós fracasse em quase todas as tentativas de melhorá-los. Vejamos as promessas de Ano-Novo, por exemplo.

**168** O MILAGRE DA MANHÃ

# Fracasso habitual: promessas de Ano-Novo

Todo ano, milhões de indivíduos bem-intencionados fazem promessas de Ano-Novo, mas poucos as seguem. Uma promessa dessas é, na verdade, apenas um hábito *positivo* (como fazer exercícios ou acordar cedo) que você quer incorporar, ou um hábito *negativo* (como fumar ou comer fast-food) do qual você quer se livrar. Você não precisa de uma estatística para saber que, quando se trata de promessas de Ano-Novo, a maioria das pessoas joga a toalha antes mesmo que janeiro chegue ao fim.

Talvez você tenha visto esse fenômeno em tempo real. Se você alguma vez foi à academia na primeira semana de janeiro, então sabe como pode ser difícil encontrar vaga para seu carro. A academia está lotada de pessoas com a meta de perder peso e entrar em forma. Contudo, se você voltar à academia mais para o final do mês, perceberá que metade do estacionamento estará vazia. Sem estar armada com uma estratégia comprovada para manter seus novos hábitos, a maioria das pessoas desiste.

Por que é tão difícil implementar e manter os hábitos necessários para sermos felizes, saudáveis e bem-sucedidos? Primeiro porque somos, de certa forma, viciados em nossos hábitos. Seja em termos psicológicos ou físicos, uma vez que um hábito foi reforçado por meio de várias repetições, pode ser muito difícil mudá-lo. Aqui estão os três motivos mais comuns para as pessoas não conseguirem criar e manter hábitos:

- Não saber quanto tempo leva para formar um novo hábito. Sem um limite de tempo predeterminado, parece que vai levar uma eternidade. Quem tem tanto tempo assim?
- Não ter expectativas claras de como o processo vai acontecer, então elas se afastam diante de qualquer desconforto físico, psicológico ou desafio inesperado.
- Não ter uma estratégia simples e eficaz para seguir e garantir o sucesso nessa empreitada.

## DE INSUPORTÁVEL A IMBATÍVEL 169

Em outras palavras, se você não tiver uma estratégia eficaz e comprovada, é bem provável que não consiga criar um hábito. Vamos abordar e lidar com todos esses problemas.

# Quanto tempo *realmente* é necessário para formar um hábito novo?

Dependendo do livro ou artigo que ler ou do especialista que ouvir, você escutará provas convincentes de que é necessário dedicar desde o equivalente a uma única sessão de hipnose até três meses para incorporar um hábito novo à sua vida — ou para se livrar de um.

O popular mito dos 21 dias pode ter saído do livro *Psicocibernética*, publicado em 1960 pelo cirurgião plástico Dr. Maxwell Maltz. O Dr. Maltz descobriu que pessoas amputadas levavam em média 21 dias para se ajustar à perda de um membro. Ele defendia que as pessoas levam 21 dias para se ajustar a qualquer grande mudança na vida.

Outras filosofias não estão preocupadas com o número de dias necessários para que um hábito se torne automático, mas enfatizam que isso também depende da dificuldade dele. Minha experiência pessoal, aliada aos resultados que vi ao trabalhar com centenas de clientes de coaching e milhares de praticantes do Milagre da Manhã, me fez concluir que você pode mudar qualquer hábito em trinta dias (ou menos), se tiver a estratégia correta. O problema é que a maioria das pessoas não tem nenhuma estratégia, muito menos a certa. Portanto, ano após ano, todos acabam perdendo a autoconfiança e sua capacidade de melhorar à medida que muitas tentativas frustradas se acumulam e os derrubam.

Como *você* pode dominar seus hábitos? Como pode assumir o controle completo de sua vida e de seu futuro aprendendo a identificar, implementar e manter qualquer hábito positivo que deseja e remover permanentemente qualquer hábito negativo? Você está prestes a aprender a estratégia *certa*, sobre a qual a maioria das pessoas nada sabe.

## A estratégia de três fases para formar hábitos em trinta dias de Milagre da Manhã

Quando você não sabe o que esperar e não está preparado para superar os desafios mentais e emocionais que fazem parte do processo de implementar um hábito, é fácil fracassar. Esta estratégia resolve isso.

Vamos começar dividindo o período em três fases de dez dias. Cada uma apresenta um conjunto diferente de desafios emocionais e bloqueios mentais para manter o novo hábito, independentemente de estar começando um hábito positivo ou eliminando um negativo. Como a pessoa comum não percebe que esses obstáculos são normais e esperados, ela acha que algo está errado e desiste porque não se sente bem e não sabe o que fazer para superá-los. Você vai aprender a resolver isso.

## Fase 1: insuportável (do 1º ao 10º dia)

Os primeiros dez dias da implementação de qualquer hábito novo ou de se livrar de qualquer hábito antigo podem parecer quase insuportáveis. Apesar de os primeiros dias poderem ser fáceis e até empolgantes — pois é uma novidade —, assim que essa sensação passa, a realidade se instala. Você detesta fazer aquilo. É doloroso. Não é mais divertido. Tudo em você tende a resistir e rejeitar a mudança. Sua mente diz: *Odeio isso*. Seu corpo grita: *Não gosto dessa sensação*.

Se seu novo hábito é acordar cedo (que pode ser um hábito útil para começar agora), durante os primeiros dez dias sua experiência pode ser mais ou menos assim: [O despertador toca.] *Meu Deus, já é de manhã?! Não quero levantar. Estou tãããão cansado. Preciso dormir mais. Tudo bem, só mais dez minutos.* [Você aperta o botão de soneca.]

O problema para a maioria dos indivíduos é não perceber que esses primeiros dez dias, aparentemente insuportáveis, são temporários. Em vez disso, eles pensam que essa é a sensação do novo hábito, e que ele sempre será assim. Então dirão a si mesmos: *Se o novo hábito é tão doloroso assim, pode esquecer. Não vale a pena.*

Consequentemente, muitos de nós tentamos e falhamos várias vezes em seguir uma rotina de exercícios físicos, parar de fumar, melhorar a alimentação, respeitar um orçamento e qualquer outro hábito que melhoraria nossa qualidade de vida, pois todos esses novos hábitos parecem ruins no começo. Mas não precisa ser assim.

Quando você está *preparado* para esses primeiros dez dias e sabe que esse é o preço a pagar pelo sucesso — que os primeiros dez dias serão desafiadores, mas que também são *temporários* —, pode vencer as estatísticas e se dar bem! Se os benefícios são grandes o bastante, podemos fazer qualquer coisa por dez dias, certo?

Portanto, os primeiros dez dias de implementação de qualquer hábito novo não são fáceis. Você vai resistir e pode até odiar em alguns momentos. Mas você *consegue*. Considerando principalmente que só fica mais fácil a partir desse ponto e que a recompensa é a capacidade de criar *tudo* o que você deseja para sua vida. Se você antecipar o desconforto inicial, será capaz de encará-lo até o objetivo que deseja.

## Fase 2: incômodo (do 11º a 20º dia)

Após ter superado os primeiros dez dias — os dez dias mais difíceis —, você começa a segunda fase de dez dias, consideravelmente mais fácil. Você estará se acostumando ao seu novo hábito. Também terá desenvolvido um pouco de confiança e algumas associações positivas com os benefícios do seu hábito.

Apesar de o período entre o 11º e o 20º dia não ser insuportável, ainda é incômodo e vai exigir disciplina e comprometimento de sua parte. Neste estágio, ainda será tentador recair em seus comportamentos antigos. Por exemplo, se acordar cedo é o seu novo hábito, ainda vai ser mais fácil dormir até tarde, porque você fez isso por muito tempo. Permaneça comprometido. Você já passou do *insuportável* para o *incômodo*, e está prestes a descobrir qual é a sensação de ser *imbatível*.

## Fase 3: imbatível (do 21º ao 30º dia)

Quando entram nos últimos dez dias — a reta final —, os poucos que chegam a este ponto quase sempre cometem um erro crasso: seguem o conselho dos muitos especialistas que dizem que só leva 21 dias para formar um novo hábito.

Esses especialistas estão parcialmente certos. De fato, leva 21 dias — as primeiras duas fases — para *formar* um novo hábito. Mas a terceira fase de dez dias é crucial para *manter* seu novo hábito, a longo prazo. Os dez dias finais são quando você reforça positivamente e associa prazer ao seu novo hábito. Você tem associado principalmente dor e desconforto a ele. É nesse momento que você muda a mentalidade e começa a sentir orgulho de si mesmo por chegar tão longe.

A fase três é também aquela em que a transformação ocorre, à medida que seu novo hábito se torna parte da sua *identidade*. Ele transcende o espaço entre ser *algo que você está tentando fazer* e *quem você está se tornando*. Você começa a se ver como alguém que *vive* o hábito.

De volta ao nosso exemplo de acordar cedo: você passa de ter uma identidade que diz "*Não* sou uma pessoa matinal" para "*Sou uma pessoa matinal*". Em vez de ter horror ao seu despertador de manhã, agora, quando o despertador toca, você está empolgado para acordar e seguir em frente, porque fez isso por mais de vinte dias seguidos. Você está começando a ver e sentir os benefícios disso.

Nessa fase, muitas pessoas ficam exageradamente confiantes, dão um tapinha nas próprias costas e pensam: *Fiz isso durante vinte dias, então vou tirar uma folga*. O problema é que esses primeiros vinte dias são a parte mais desafiadora do processo. Tirar alguns dias de folga antes de investir o tempo necessário e reforçar positivamente o hábito dificulta recomeçar. É entre o 21º e o 30º dia que você vai começar a sentir os benefícios exponenciais e até começar a gostar do hábito, o que vai facilitar mantê-lo no futuro.

## Superar limitações autoimpostas

Você se lembra da história do começo do livro, quando meu querido amigo Jon Berghoff sugeriu que eu saísse para correr a fim de ajudar com minha depressão e obter a clareza necessária para resolver meus problemas financeiros? Eu disse: "Não corro. Na verdade, odeio correr. Não consigo fazer isso de jeito nenhum." Veja como foi a minha jornada de não acreditar que era um corredor a completar uma ultramaratona de 84 quilômetros.

Aproximadamente seis meses depois de começar a praticar o Milagre da Manhã, Jon me convidou para correr a Maratona de Atlantic City a fim de arrecadar dinheiro para a Front Row Foundation, organização de caridade em que ambos atuávamos no conselho diretor. Ele destacou que eu poderia correr qualquer distância e brinquei que poderia andar cinco quilômetros com a avó dele. Jon explicou que, em determinado momento, ele também não acreditou que poderia correr uma maratona, mas dia a dia, passo a passo, ele se desenvolveu e se transformou em um corredor. Jon acabou correndo não só uma, mas três ultramaratonas, incluindo uma ultramaratona dupla, com 160 quilômetros consecutivos. Ele brincou: "Vamos, Hal. Se eu consegui correr 160 quilômetros, você definitivamente consegue correr 42." "É, vou pensar", respondi, apenas para adiar o não.

Não me entenda mal. Eu acreditava e apoiava totalmente o trabalho fantástico feito pela Front Row Foundation, tanto que doava uma porcentagem da minha renda para a organização desde que ela fora fundada por outro amigo querido, Jon Vroman. Mas fazer um cheque era muito mais fácil do que correr uma maratona. A menos que estivesse sendo perseguido, eu não corria mais do que um quarteirão desde que me formara no ensino médio. Mesmo naquela época, eu só corria para não reprovar na aula de Educação Física.

Além disso, desde que havia quebrado o fêmur e a pélvis no acidente de carro sofrido aos vinte anos, eu sempre tinha medo do que poderia acontecer se forçasse muito aquela perna. Sempre que ia esquiar, eu me imaginava caindo e via a haste de titânio da minha perna romper a pele da

**174** O MILAGRE DA MANHÃ

coxa. Eu sei que é uma imagem horripilante, mas quebrar seus ossos, tê-los consertados com parafusos e hastes e ouvir que nunca mais vai andar pode fazer esse tipo de coisa com você.

Coincidentemente, uma semana após a conversa com Jon, uma das minhas clientes de coaching, Katie Fingerhut, completou sua segunda maratona. Após celebrarmos sua conquista, eu disse que estava pensando em fazer o mesmo. Ela comentou: "Hal, é tão incrível. Sinto que posso fazer qualquer coisa agora. Você definitivamente deve correr uma maratona!"

Entre os testemunhos entusiasmados de Jon e Katie sobre correr uma maratona, eu estava começando a pensar que talvez fosse hora de superar minha crença limitadora sobre *não ser um corredor*. Se eles conseguiram, eu também era capaz. Também pensei que correr uma maratona definitivamente me obrigaria a evoluir rumo a uma versão nível 10 de mim mesmo, o que me empolgou. Então me comprometi a começar a correr.

Na manhã seguinte, decidi avaliar minha capacidade física e ver o quanto eu conseguia correr. Usei o Milagre da Manhã para me ajudar nisso, aproveitando o *silêncio* para aclimatar meu sistema nervoso à ideia de correr, as *afirmações* para reforçar a perspectiva de que eu poderia me transformar em um corredor e a *visualização* para me vislumbrar correndo enquanto estava em um estado emocional elevado. Assim que completei esses três passos do meu Milagre da Manhã, amarrei os cadarços do meu Nike Air Jordan (que são tênis de basquete, já que eu nem tinha tênis de corrida) e segui para a porta da minha casa. O estranho era que, graças aos benefícios de usar as práticas matinais para me preparar e otimizar a mentalidade, eu estava ansioso para começar!

Saí pela porta de casa me sentindo motivado e inspirado. Respirei profundamente algumas vezes e aumentei a velocidade ao chegar à calçada. *Até que não é tão ruim*, pensei. *Vou virar um corredor!* Então, assim que saí da calçada na direção da rua, torci o tornozelo e caí no chão. *Só pode ser brincadeira.* Agora eu estava na calçada me contorcendo de dor.

Após alguns minutos, decidi que tinha sido apenas uma torção leve. Então me levantei cuidadosamente e comecei a mancar na direção de casa me sentindo decepcionado, um pouco aliviado por não ter que correr e decidido a tentar de novo. As experiências de vida me ensinaram que, quando nos comprometemos com algo, o universo (ou Deus) geralmente vai testar esse compromisso. Eu pensei: *Vou tentar de novo amanhã*. Afinal, estava comprometido.

## Trinta dias: "de insuportável a imbatível" em ação

No dia seguinte, meu tornozelo estava bom e eu comecei oficialmente a treinar para a maratona. Mesmo assim, só consegui correr alguns quarteirões, porque fiquei sem fôlego e me lembrei daquilo em que acreditei por tanto tempo: *Eu não sou um corredor*. O quadril latejava, o fêmur que já tinha sido quebrado estava doendo e eu não tinha resistência para correr um quilômetro, que dirá 42. Ali eu percebi que precisava de ajuda e de um plano. Acessei a Amazon e comprei o livro perfeito: *The Non-Runner's Marathon Trainer* [Maratona para não corredores], de David A. Whitsett, Forrest A. Dolgener e Tanjala Mabon Kole. Agora eu tinha um plano.

### Do 1º ao 10º dia

Os primeiros dez dias de corrida foram, ao mesmo tempo, fisicamente dolorosos e mentalmente desafiadores. A cada dia eu travava uma batalha constante em minha cabeça com a voz da mediocridade, que me dizia que não havia problema em desistir e que eu não precisava fazer aquilo. Mas eu sabia que desistir era o mais fácil e que apenas cumprindo o meu compromisso, que era a coisa certa, eu poderia ser a melhor versão de mim mesmo. *Faça o que é certo, não o que é fácil*, eu lembrava a mim mesmo. Continuei a correr. Eu estava comprometido.

## Do 11º ao 20º dia

Os dias nesse período foram só um pouco menos dolorosos. Eu ainda dizia a mim mesmo que não *gostava* de correr, mas não *detestava* mais. Pela primeira vez na vida eu estava formando o hábito de correr todo dia. Não era mais aquela coisa assustadora que eu apenas observava os outros fazendo na calçada enquanto dirigia. Depois de quase duas semanas de corridas diárias, começava a parecer normal para mim acordar todo dia e simplesmente sair para dar uma corrida. Eu continuava comprometido, e sair para correr ficou cada vez mais fácil.

## Do 21º ao 30º dia

Do 21º ao 30º dia foi quase *agradável*. Eu estava gradualmente esquecendo a sensação de odiar correr. Como estava virando um hábito, eu o fazia sem muito esforço ou consciência. Eu simplesmente acordava, calçava os tênis de corrida (sim, fiz esse investimento) e acumulava quilômetros a cada dia. A batalha mental tinha ido embora, e no lugar eu proferia afirmações positivas ou ouvia áudios de desenvolvimento pessoal e profissional enquanto corria. Em apenas trinta dias, eu tinha superado totalmente minha crença limitadora de que não era capaz de correr e tinha me transformado no que nunca imaginei que pudesse ser: um corredor. Foi algo que também me deu confiança em minhas habilidades e me fez pensar nas outras crenças limitadoras que poderia superar e nos hábitos significativos que eu poderia mudar em apenas trinta dias.

## O resto da história: "84 quilômetros para a liberdade"

Após quatro semanas seguindo o plano de treinamento para maratona, no qual fui aumentando gradualmente a distância percorrida a cada dia, eu tinha completado oitenta quilômetros, incluindo uma corrida de quase dez

DE INSUPORTÁVEL A IMBATÍVEL    177

quilômetros! Então liguei para Jon a fim de comemorar. Ele ficou empolgado por mim, mas, como nunca deixa um amigo descansar sobre os louros da vitória, decidiu me presentear com um novo desafio: "Hal, por que não correr uma ultramaratona? Se você vai correr 42 quilômetros, pode muito bem correr 84." Somente Jon sugeriria tal lógica.

"É uma ideia interessante. Vou pensar", respondi.

Dessa vez, quando eu disse a Jon que *ia pensar*, eu realmente falava sério. Estava intrigado com a ideia de me forçar ainda mais e correr 84 quilômetros consecutivos. O fato de ter conseguido correr oitenta quilômetros em um mês, culminando em uma corrida de dez quilômetros, estava derrubando limitações que eu considerava verdadeiras. Talvez Jon estivesse certo. Se eu pude treinar para correr 42 quilômetros, poderia muito bem treinar para correr 84. Eu ainda tinha seis meses até a maratona de Atlantic City, então por que não tentar dobrar a meta? Bem, foi o que fiz. Até consegui convencer uma amiga e dois dos meus bravos clientes de coaching para fazer isso junto comigo!

Seis meses depois, eu correra 765 quilômetros, incluindo três corridas de 32 quilômetros, e viajara para o outro lado do país a fim de encontrar dois dos meus clientes de coaching favoritos, James Hill e Favian Valencia, e minha amiga de longa data, Alicia Anderer, para que nós quatro pudéssemos tentar os 84 quilômetros da Maratona de Atlantic City. Jon até foi de avião para lá para nos apoiar. No entanto, havia apenas um desafio logístico: o trajeto da Maratona de Atlantic City tinha 42 quilômetros e não foi feito para uma ultramaratona. Então nós improvisamos.

Nós nos encontramos no calçadão às 3h30 da manhã. Nosso objetivo era completar nossos primeiros 42 quilômetros antes da maratona oficial, às 8 horas, e depois completar a segunda metade com os corredores normais. O momento foi surreal. A energia entre nós quatro era uma combinação de empolgação, medo, adrenalina e descrença. Iríamos *mesmo* fazer aquilo?

Se o luar estivesse mais forte, talvez tivéssemos conseguido ver nossa respiração no ar frio de outubro. Mesmo assim, o caminho estava suficientemente bem iluminado, então começamos. Colocando um pé na frente

## 178 O MILAGRE DA MANHÃ

do outro, um passo de cada vez, avançamos. Todos nós concordamos que aquele era o segredo para o sucesso naquele dia: seguir em frente. Desde que não parássemos de colocar um pé na frente do outro, desde que continuássemos seguindo em frente, chegaríamos ao nosso destino.

Depois de seis horas e cinco minutos, graças ao apoio coletivo e à responsabilidade do nosso grupo trabalhando como uma coisa só, terminamos a primeira metade. Aquele foi um momento determinante para cada um de nós. Não por causa dos 42 quilômetros que deixáramos para trás, mas por causa da resistência mental que seria necessária para correr os 42 quilômetros que tínhamos à nossa frente.

A empolgação que permeava cada fibra do nosso ser apenas seis horas antes fora substituída por dor excruciante, cansaço e exaustão mental. Considerando o estado físico e mental em que nos encontrávamos, não sabíamos se tínhamos a capacidade de duplicar o feito. Mesmo assim insistimos.

Num total de 15 horas e meia depois de começarmos, James, Favian, Alicia e eu completamos nossa jornada de 84 quilômetros... juntos. Colocando um pé na frente do outro, e um passo de cada vez, corremos, trotamos, caminhamos, mancamos e literalmente nos arrastamos pela linha de chegada.

Do outro lado da linha estava a *liberdade* — o tipo de liberdade que nunca podem tirar de você. Era a liberdade das nossas limitações autoimpostas. Apesar de, durante nosso treinamento, termos passado a acreditar que correr 84 quilômetros consecutivos era *possível*, nenhum de nós acreditava do fundo do coração que fosse provável, que dirá garantido. Como indivíduos, cada um lutou contra os próprios medos e dúvidas. Mas, no momento em que atravessamos a linha de chegada, tínhamos dado a nós mesmos o presente da libertação dos nossos medos, dúvidas e limitações autoimpostas.

Foi naquele momento que me dei conta de que esse presente da liberdade não é reservado para uns poucos escolhidos. Ele está disponível para cada um de nós assim que fazemos a escolha de aceitar *desafios* que estejam fora da nossa zona de conforto, que nos obriguem a crescer, expandir nossa capacidade de ser e fazer mais do que fomos e fizemos no passado. Essa é a verdadeira liberdade.

## Você está pronto para a verdadeira liberdade?

No próximo capítulo, a jornada de transformação de vida em trinta dias do Milagre da Manhã vai capacitá-lo a superar suas limitações autoimpostas para que possa ser, fazer e ter tudo o que deseja na vida, mais rápido do que jamais imaginou ser possível. Esta é a liberdade *verdadeira*, a liberdade para ser, fazer e ter o que você decidiu criar para si. Os Salvadores de Vida combinam seis hábitos diários capazes de mudar seu destino em um só ritual, e, embora a maioria das pessoas que experimentam adore desde o primeiro dia, fazer você segui-lo por trinta dias para que se transforme em um hábito perene vai exigir um comprometimento inabalável. Sua nova versão está do outro lado desses próximos trinta dias — a pessoa que você precisa ser a fim de criar tudo o que sempre quis para sua vida. O que poderia ser mais empolgante do que isso?

*Capítulo 10*

# A jornada de transformação de vida em trinta dias do Milagre da Manhã

*Uma vida extraordinária exige melhorias diárias e contínuas nas áreas mais importantes.*

— ROBIN SHARMA

*A vida começa no final da sua zona de conforto.*

— NEALE DONALD WALSCH

Vamos brincar de advogado do diabo por um momento. O Milagre da Manhã pode mesmo transformar sua vida em apenas trinta dias? Ah, deixe disso — alguma coisa pode, de fato, ter um impacto *tão* significativo em sua vida tão rapidamente? Bem, lembre que funcionou para mim, mesmo quando eu estava sem dinheiro, deprimido e no pior momento da vida. Também funcionou para milhões de pessoas pelo mundo. Indivíduos comuns, como você e eu, percebendo que temos em nós a capacidade de sermos extraordinários.

Lembre-se de Keith Minick, cujo filho morreu apenas três horas depois do nascimento. Keith passou mais de um ano deprimido e insatisfeito com a carreira. Até que viveu uma mudança total de mentalidade em seu primeiro Milagre da Manhã: "Programei o alarme, levantei, comecei os Salvadores de Vida e senti mudanças instantâneas na minha psique, fisiologia e saúde mental. Eu assumi o controle, definindo um caminho e um processo para conquistar a vida que desejava."

Ele continuou: "Venho praticando a rotina do Milagre da Manhã há quase uma década. O modelo dos Salvadores de Vida continua sendo parte importantíssima do meu cotidiano. Um grande fator para o meu sucesso foi colocar em prática, manter e incrementar minha rotina. Eu recomendo a toda pessoa que esteja buscando um avanço, lutando contra a depressão ou tentando desempacar na vida que leia e coloque em prática o modelo dos Salvadores de Vida de *O milagre da manhã*."

A história de Keith é um exemplo real de como a vida pode mudar rapidamente e como, dez anos depois, você ainda pode evoluir para ser a melhor versão de si mesmo.

No capítulo anterior, você aprendeu uma estratégia simples e eficaz de três fases para implementar e manter qualquer hábito em trinta dias. Agora vamos aplicar essa estratégia diretamente à prática do Milagre da Manhã com a jornada de transformação de vida em trinta dias do Milagre da Manhã, para que aconteça uma transição perfeita em sua vida.

Nas edições anteriores deste livro, eu chamava esta seção de "desafio" de transformação de vida em trinta dias. Contudo, ao escrever esta nova edição, percebi que a maioria de nós já tem desafios mais do que suficientes na vida, e o Milagre da Manhã é na verdade uma jornada para elevar sua consciência e se transformar na melhor versão de si. Este capítulo e as ações que ele organiza representam os primeiros trinta dias de sua jornada do Milagre da Manhã pelo resto da vida.

Além dos Salvadores de Vida, você vai identificar outros hábitos que terão um impacto significativo na sua vida, no seu sucesso, em quem você quer ser e para onde você quer ir. Depois você vai usar os próximos trinta dias para criar esses hábitos, que vão mudar completamente o seu *rumo*. Ao fazer isso, você muda a qualidade de vida e, no fim das contas, o seu destino.

## Pense nas recompensas

Quando você se comprometer com a jornada de transformação de vida em trinta dias, estará se comprometendo a construir uma fundação para atingir seu potencial em todas as áreas da vida. Você vai começar cada dia com novos níveis de *clareza* (o poder que você gerará se concentrando no que é mais importante), *disciplina* (a habilidade crucial para fazê-lo cumprir seus compromissos) e *desenvolvimento pessoal* (talvez o fator mais significativo e determinante para o seu sucesso). Ao acordar para fazer o Milagre da Manhã e implementar os Salvadores de Vida pelos próximos trinta dias, você vai se transformar rapidamente na pessoa que precisa ser para criar a e manter as melhoras que deseja fazer agora e pelo resto da vida.

Você também transformará o Milagre da Manhã de um ideal com que você deve estar empolgado (e também um pouco nervoso) em um hábito com que vai se comprometer e que vai usar para continuar se desenvolvendo a fim de ser a pessoa que precisa ser para continuar criando a vida que sempre desejou. Já nesses primeiros trinta dias, você vai sentir melhoras profundas na sua mentalidade e no seu humor.

Ao praticar os Salvadores de Vida diariamente, você vai experimentar os benefícios físicos, intelectuais, emocionais e espirituais do silêncio, das afirmações, da visualização, dos exercícios físicos, da leitura e da escrita. Não se surpreenda se ficar menos estressado, mais centrado, focado, feliz e empolgado com a vida.

Se você estiver com medo ou se questionando se vai conseguir manter essa rotina por trinta dias, relaxe. É normal se sentir assim. Principalmente se você já teve dificuldade para acordar de manhã no passado. Lembre-se: todos nós sofremos da síndrome do espelho retrovisor. Então, é esperado um pouco de hesitação e nervosismo. Isso é um sinal de que você está pronto para se comprometer. Do contrário, você não estaria nervoso.

A sua situação de vida vai melhorar depois (mas só *depois*) que você se desenvolver e se transformar na pessoa que precisa ser para melhorá-la. É exatamente o que esses próximos trinta dias da sua vida podem ser: um novo começo e uma nova versão sua.

## Três passos simples a fim de se preparar para o primeiro Milagre da Manhã

### Passo 1: obter o kit de início rápido da jornada do Milagre da Manhã em trinta dias

Visite MiracleMorning.com/Brazil para baixar, imprimir e começar a preencher seu kit de início rápido da jornada do Milagre da Manhã em trinta dias. O material é gratuito e vem com exercícios físicos, afirmações, listas de tarefas, planilhas de acompanhamento e tudo o mais que você precisa para facilitar o máximo possível o início e o término da sua jornada de trinta dias. Esse documento vai ajudar você a identificar a área (ou áreas) da sua vida que deseja melhorar, pensar nos obstáculos que precisa superar, esclarecer as ações que vai realizar para isso e depois alinhar a prática diária do Milagre da Manhã para ajudar você a manter seu compromisso, do mesmo modo que usei os Salvadores de Vida para dobrar minha renda durante a recessão de 2008. Como tudo na vida que vale a pena, completar com sucesso a jornada de trinta dias exige um pouco de preparação, então é importante que você faça os exercícios iniciais do kit de início rápido (o que deve levar entre trinta e sessenta minutos). Você pode até fazer isso no momento de escrita do seu primeiro Milagre da Manhã.

### Passo 2: agendar o primeiro Milagre da Manhã para amanhã

Comprometa-se e agende seu primeiro Milagre da Manhã para amanhã (sim, anote na agenda) e decida onde vai fazê-lo. Lembre-se: eu recomendo que você saia do quarto e se livre da tentação da cama. O meu Milagre da Manhã acontece todos os dias no sofá da minha sala de estar enquanto todos na casa ainda estão dormindo profundamente. Ouvi pessoas que gostam de fazer o Milagre da Manhã na natureza, quando o clima permite. Faça onde você se sentir mais confortável e não seja interrompido. Por fim, lembre que é uma questão de progresso, não de perfeição! Você nem precisa fazer todos os Salvadores de Vida para começar. Como mencionei no último parágrafo, é possível começar com a escrita e continuar preenchendo o kit de início rápido ou se concentrar na leitura e continuar com os dois capítulos que vêm depois deste. O mais importante é começar o dia com desenvolvimento pessoal, seja com um dos Salvadores de Vida, todos eles ou a quantidade que você escolher.

## Passo 3: programar o alarme e deixá-lo bem longe de você

Como dizia meu primeiro coach, Jeff Sooey, "é aí que a coisa fica séria". Comprometa-se a acordar cedo (o ideal é de trinta a sessenta minutos antes do horário em que você *precisa* sair da cama) e fazer o primeiro Milagre da Manhã. Não é obrigatório deixar o alarme longe, mas você deve lembrar que isso obriga você a se levantar da cama, e estar em pé torna muito mais fácil se manter acordado do que esticar a mão até a cabeceira para desligar o alarme.

Também tem um quarto passo, que é opcional: baixar o aplicativo gratuito Miracle Morning Routine. Se você não gosta de usar aplicativos, pode ignorá-lo. Se gosta, o aplicativo faz com que você se responsabilize mais com o hábito, permitindo acompanhar seu progresso a cada dia e marcar os Salvadores de Vida ao completá-los. Entre os materiais adicionais estão alarmes personalizáveis, um criador de afirmações, um diário e Salvadores de Vida guiados opcionais para que você possa completar o Milagre da Manhã apenas clicando em "play" e seguindo a tela. Para quem gosta de usar aplicativos, esse é um ótimo material gratuito que vai ajudar no caminho para o sucesso.

## Você está pronto para transformar sua vida?

Ao medir o nível de sucesso e realização pessoal em uma escala de um a dez, lembre que todos nós nascemos com a motivação e o desejo de virar a melhor versão de nós mesmos e vivenciar a vida em nível 10. O que é dar os primeiros passos nessa direção para você? Qual é o próximo nível de sucesso e realização na vida pessoal ou profissional? Que habilidades ou hábitos você precisa desenvolver para chegar a esse nível?

Não importa como foi o seu passado, você *pode* mudar seu futuro mudando o que faz agora. Dê a si mesmo o presente de investir apenas trinta dias para fazer melhoras significativas nos seus pensamentos, palavras e ações, elevando sua consciência uma manhã de cada vez.

**Faça uma pausa.**

**Respire.**

**É hora de começar a viver o que está aprendendo!**

Eu disse ao longo deste livro que ler é uma ferramenta incrivelmente valiosa para a transformação pessoal *se* você converter o que leu em ação. É hora de começar a prática diária do Milagre da Manhã, se você ainda não começou.

Existem mais dois capítulos que vão ajudar você a otimizar o sonho e elevar a consciência para um estado de liberdade interior. Mas é melhor buscar esses objetivos quando sua prática do Milagre da Manhã já tiver começado. Eu recomendo consumir esses capítulos durante o momento de leitura dos Salvadores de Vida.

Se você quiser revisitar os passos antes de começar, releia o capítulo 10. Estou muito animado por você e pelas percepções e crescimento que você vai vivenciar! Boa sorte!

*Capítulo 11*

# O Milagre da Noite

## Estratégia para otimizar o sono

*Ao dormir e acordar no mesmo horário todos os dias, você vai descobrir que não só sua qualidade do sono vai melhorar como, em alguns casos, talvez nem precise dormir tanto assim.*

— DR. MICHAEL BREUS

*Que os anjos do céu tragam os melhores sonhos e você tenha um sono longo e tranquilo. Boa noite, meu amigo!*

— AUTOR DESCONHECIDO

Por muitos anos, as pessoas me perguntaram qual é o meu ritual noturno. Também por anos, eu ficava um pouco envergonhado de responder que não tinha. Minha resposta sempre pareceu decepcionante, mas isso foi até eu perceber que ser decidido em relação a encerrar o dia pode ser tão importante quanto dar atenção à forma de começá-lo. Este capítulo vai ajudar você a criar um ritual do Milagre da Noite com os seguintes benefícios:

## 188 O MILAGRE DA MANHÃ

- Superar dificuldades para adormecer e ter um sono contínuo.
- Abrir mão de pensamentos e sentimentos estressantes para dormir se sentindo calmo e relaxado.
- Preparar o ambiente interno e externo para acordar se sentindo renovado e energizado.
- Ir dormir sentindo gratidão e paz.

Se você costuma ficar estressado no fim do dia e tem dificuldade para adormecer ou desperta durante a noite, este capítulo foi feito especialmente para você. Como alguém que lutou para superar a insônia crônica e passou por um longo período de privação do sono, eu sei o quanto isso pode ser devastador em termos físicos, mentais e emocionais. Por isso, estou comprometido a fazer tudo o que posso para ajudar as pessoas a encerrar o dia de modo a se sentir bem e ter um bom repouso.

Conforme mencionei no capítulo 5, nosso estado mental e emocional de manhã geralmente reflete o estado mental e emocional que tivemos ao dormir. Os assuntos em que você se concentra antes de dormir não só podem dificultar o sono como influenciar o subconsciente enquanto você dorme, afetando como você se sente ao acordar. Então encerrar o dia com pensamentos estressantes vai afetar a qualidade do seu sono e provavelmente fazer com que você acorde estressado e nada descansado.

Por outro lado, se você seguir uma rotina noturna que lhe permita abrir mão de pensamentos estressantes, acalmar o corpo e a mente e se concentrar nas coisas pelas quais é grato, a probabilidade de sentir paz, gratidão e felicidade será muito maior e o fará dormir bem e acordar no mesmo estado. Com essa perspectiva em mente, faz sentido ter total consciência de como se deve encerrar o dia a fim de preparar a mente e o corpo para um sono restaurador e garantir um ótimo início para o dia seguinte.

## "Eu quero morrer"

Entre novembro de 2019 e maio de 2020, eu dormia em média duas a quatro horas por noite. Se você já teve uma noite em que só conseguiu repousar por algumas horas, sabe o quanto isso pode ser prejudicial para o bem-estar físico, mental e emocional. Seis meses de privação do sono me deixaram gravemente traumatizado e deprimido, sem contar as alucinações nas quais achava que estavam tentando me matar, a ansiedade debilitante e até pensamentos suicidas.

Toda noite eu ficava virando de um lado para outro na cama e olhando para o teto. A mente não parava, atormentada por todas as loucuras que estavam acontecendo no mundo, pelos problemas na minha vida pessoal e pelo medo de o meu câncer voltar, criando um verdadeiro tsunami de ansiedade. O coração acelerava junto com a mente e o cortisol inundava minhas veias, me deixando acordado e ao mesmo tempo exausto em termos físicos e emocionais. Durante o dia eu me sentia indisposto e infeliz, passando boa parte do tempo realmente mal.

A privação do sono piorava a depressão e a ansiedade; em contrapartida, a depressão e a ansiedade estavam contribuindo para a privação do sono. Eu estava em um círculo vicioso que não acabaria a menos que fizesse algo para sair dele. Uma noite, do quarto de hóspedes onde dormia sozinho havia dois meses para não acordar quando Ursula fosse deitar, enviei a seguinte mensagem de texto, desesperado:

> Amor, eu não quero preocupar você, mas preciso ser honesto. Eu quero morrer. Não aguento mais isso, e não sei o que fazer.

Algumas horas depois, Ursula acordou, leu essa mensagem e veio para o quarto de hóspedes me abraçar e dizer que me amava. Ela estava dividida entre a desesperança e a compaixão. Para ser totalmente sincero, nosso casamento mal vinha sobrevivendo e estava na corda bamba havia seis meses. Nós dois estávamos sofrendo, mas eu era a causa de tudo. Sem uma

## 190 O MILAGRE DA MANHÃ

boa noite de sono em quase seis meses, eu tinha virado outra pessoa, não era mais o homem positivo e alegre com quem Ursula se casara. Eu estava ansioso, apreensivo, deprimido e ranzinza. Por mais que ela me amasse, não aguentaria isso por muito tempo, e me ver abandonar a esperança a levava a fazer o mesmo.

Foi então que comecei a pesquisar e experimentar várias estratégias para melhorar o sono. Do mesmo modo que os Salvadores de Vida surgiram, em 2008, do desespero e da depressão, a solução para o meu pesadelo do sono veio por meio de tentativas e erros enquanto desenvolvia o Milagre da Noite.

Nessa época, eu estava passando pela Comunidade *The Miracle Morning* no Facebook quando uma das publicações de Brian Marshall me chamou a atenção. Ele havia se tornado um dos praticantes mais assíduos do Milagre da Manhã no mundo, tendo feito mais de 2.200 Milagres da Manhã consecutivos sem perder um dia sequer. Segundo ele, esse recorde se devia à rotina noturna que o preparava para o sucesso nas manhãs, batizada de Relaxadores. A publicação de Brian naquele dia dizia o seguinte:

> Acabei de completar mais de 260 dias consecutivos do Milagre da Manhã. Sem pausas, sem versões curtas, sem dias perdidos. Minha vida se transformou em algo muito mais prazeroso e intencional. Eu me sinto vibrante e definitivamente brilhando de tão INCRÍVEL. Estou firme no volante da minha vida e tenho uma clareza incrível em termos de propósito e direção. Todo dia eu acordo melhor do que no dia anterior porque faço os Salvadores de Vida sem falta. Contudo, essa prática ininterrupta se deve à rotina noturna que também fiz pelo mesmo período. Ela é parecida com os Salvadores de Vida, mas para fazer à noite. Comecei a chamá-la de Relaxadores.

Os passos dos Relaxadores são ler, fazer exercícios físicos, tomar banho, repassar o dia, se empoderar, relaxar e dormir. Do mesmo modo que os Salvadores de Vida, os Relaxadores de Brian fornecem passos simples e práticos para descansar à noite, preparando a mente e o corpo para o sono ideal e me inspirando a criar o ritual do Milagre da Noite. A minha versão inclui alguns passos adicionais que descobri serem altamente benéficos a fim de preparar meu estado físico, mental e emocional para uma ótima noite de sono. Também existem aspectos da rotina de Brian, como tomar banho, que eu já faço automaticamente todas as noites, então não senti necessidade de incluí-los no meu ritual noturno.

Eu organizei os passos do Milagre da Noite no método dos Adormecedores. O objetivo final da rotina é ajudar você a dormir melhor, e vou guiar você por todos os passos e mostrar algumas ideias para usá-los assim ou personalizá-los para criar o seu Milagre da Noite.

# Os Adormecedores

O meu Milagre da Noite começa algumas horas antes de dormir e me permitiu deixar de sofrer com a insônia crônica e a privação do sono para dormir tranquilamente e acordar me sentindo revigorado. Atualmente, ele pode ser resumido nos seguintes passos:

- Jantar de três a quatro horas antes de dormir.
- Tentar desapegar de pensamentos e sentimentos estressantes.
- Usar substâncias naturais para o sono, se necessário.
- Planejar o dia seguinte.
- Banir a luz azul.
- Criar um estado mental feliz com as afirmações para a hora de dormir.
- Ler um livro que faça você se sentir bem.
- Dormir feito um bebê.

Embora possa não parecer à primeira vista, esses passos são bem simples e passarão a ser automáticos para você em pouco tempo. E embora sejam extremamente benéficos isoladamente como nos Salvadores de Vida, quan-

## 192 O MILAGRE DA MANHÃ

do combinados, eles podem transformar o jeito como você se sente todas as noites antes de dormir e o quanto você dorme bem. Vamos explorar e explicar cada passo.

## Jantar de três a quatro horas antes de dormir

Conforme mencionado no capítulo 8, a digestão é um dos processos do corpo humano que mais consomem energia (pense no quanto você fica exausto após uma refeição farta). Embora isso nos dê a impressão de que fazer uma refeição antes de dormir é uma boa estratégia, já que nos deixa cansados, comer perto da hora de dormir é prejudicial porque obriga o corpo a continuar trabalhando durante o sono e pode causar aquela sensação de acordar mais cansado do que quando foi dormir. Por isso, ser consciente em relação à hora em que você come, o quanto come e quais alimentos come é crucial para otimizar o sono e como você se sente de manhã.

Embora possa levar de 24 a 72 horas para que uma refeição passe totalmente pelo trato gastrointestinal, o que nos preocupa são as três a quatro horas necessárias para a comida sair do estômago para o intestino grosso. Essa fase do processo digestivo é a mais pesada. Depois dela, o corpo pode descansar e se recuperar enquanto você dorme.

O tempo que leva para uma refeição ser digerida se baseia em variáveis como a quantidade e o tipo de alimento consumido. Por exemplo, alimentos com muita fibra são mais fáceis e rápidos de digerir. Duas a três horas devem ser suficientes para digerir alimentos com alto teor de fibras, como a maioria das frutas, vegetais, castanhas, leguminosas e grãos integrais. Já os que têm baixo teor de fibras, como carne, pão, massas, batata frita e alimentos ricos em açúcar, levam quatro horas ou mais. Além disso, quanto maior a refeição, mais tempo o corpo leva para digeri-la.

Eu recomendo fazer a última refeição do dia de três a quatro horas antes de dormir. Por exemplo, se você vai para a cama às 22 horas, recomendo jantar por volta das 18 horas ou 18h30 para dar ao corpo o tempo adequado para a digestão. Se o seu horário ou compromissos fora do seu controle obrigam você a comer perto da hora de dormir, sugiro fazer a menor refeição possível (menor que o tamanho do seu punho) e escolher alimentos saudáveis, preferencialmente com muitas fibras.

Se você janta perto da hora de dormir ou faz um lanche tarde da noite, entenda que a mudança vai exigir esforço e compromisso da sua parte. Para facilitar o processo, recomendo mudar *gradualmente* o horário da última refeição, para que o corpo e a mente possam se aclimatar. Em outras palavras, se você come uma hora antes de dormir, tente mudar para uma hora e meia. Faça isso por uma semana, depois mude para duas horas, duas horas e meia, e por aí vai. Inclua essa mudança na sua jornada de trinta dias e, em poucas semanas, esse comportamento vai passar a ser fácil, natural e automático para você.

A escolha é: comer perto da hora de dormir, dando ao corpo a tarefa pesada de fazer a digestão quando deveria estar descansando e sofrer as consequências na manhã seguinte, ou tomar a decisão consciente de comer mais cedo e dar ao corpo uma oportunidade para descansar e se recuperar enquanto dorme — e acordar revigorado no dia seguinte.

## Tentar desapegar de pensamentos e sentimentos estressantes

Quando você deita para dormir, muitas vezes está consumido por pensamentos sobre o que está fora do seu controle imediato? Você fica remoendo algo que não pode (ou não quer) mudar no momento?

Talvez você esteja pensando em algo que aconteceu no passado recente ou na sua lista de tarefas para o dia seguinte. Talvez você se preocupe com os projetos que não terminou, com a situação financeira, com os problemas de saúde, com um conflito em um relacionamento pessoal ou profissional, com uma pessoa que você ama e está sofrendo, com a situação mundial, com a economia ou qualquer outra coisa sobre a qual você

## 194 O MILAGRE DA MANHÃ

não tem controle no momento em que deita para dormir. O problema é o seguinte: quando nos preocupamos com o que está fora da nossa alçada, acabamos nos sentindo fora do controle, vivenciando estresse e ansiedade, que atrapalham o sono.

Falando de outra forma, quando nos preocupamos com o que não podemos controlar, nós ficamos *inseguros*, e a segurança é uma necessidade psicológica fundamental. Quando não estamos nos sentindo seguros, o sistema nervoso dá início à reação de luta ou fuga. É quase impossível relaxar e dormir tranquilamente quando sentimos que nossa segurança está ameaçada de alguma forma. Felizmente, a menos que estejamos em perigo imediato, a sensação de segurança é uma escolha consciente que podemos fazer. Ao reconhecer e afirmar que estamos seguros quando deitamos para dormir, podemos entrar em um estado de segurança psicológica.

Eu passava a maioria das noites pensando e/ou me preocupando com tudo isso que citei até fazer uma descoberta revolucionária que parece óbvia: *meu único objetivo na hora de dormir é preparar a mente e o corpo para um sono feliz*. É isso. Mais nada. Portanto, todos os nossos pensamentos (ou a falta deles) e ações devem estar alinhados com esse objetivo.

Permita-me reservar um momento para esclarecer o que chamo de sono "feliz". Eu defino esse estado de felicidade como estar completamente em paz e profundamente grato. Isso significa que, quando a cabeça bater no travesseiro, não vou mais remoer ou repassar mentalmente o que aconteceu naquele dia, *a menos* que seja algo que me ajude a ficar em paz e sentir gratidão. Não há nada errado em repassar o dia antes de pegar no sono, *se isso fizer você sorrir*. Mas evite repassar eventos estressantes, pensar no que deu errado naquele dia ou se preocupar com o futuro que ainda não chegou, porque esses padrões de pensamento podem ser prejudiciais à capacidade de ter um sono tranquilo e restaurador.

Com essa consciência, eu decidi que precisava apertar meu botão mental de "desligar" quando fosse relaxar e pegar no sono. Eu precisava parar de pensar no que me estressava (mais fácil falar do que fazer, eu sei) ou substituir esses pensamentos contraproducentes por pensamentos produtivos que me ajudem a ficar calmo, tranquilo, grato, feliz ou qualquer outro estado que me ajude a fazer a transição para o sono feliz. Para isso, eu implementei o seguinte processo de reconhecer, aceitar e abrir mão de pensamentos e sentimentos estressantes em três passos simples.

O primeiro passo para abrir mão de sentimentos estressantes é *reconhecer o que você está sentido e a causa*. Ficar estressado e se concentrar em algo que esteja fora do seu controle imediato antes de dormir não é produtivo e rouba a sua paz nesse momento importante. Contudo, tentar ignorar, suprimir ou driblar uma emoção dolorosa é igualmente improdutivo, pois não trabalha o sentimento, acabando por perpetuá-lo.

Para realmente abrir mão de um sentimento estressante, é preciso trazê-lo do inconsciente para a mente consciente de modo a reconhecê-lo, processá-lo e abrir mão dele. Aqui está uma afirmação que você pode recitar para isso. Comece com uma respiração lenta e profunda ao identificar e reconhecer o que está sentindo e a causa desse sentimento.

**Eu estou sentindo** _____ **[medo, ansiedade, raiva, estresse, tristeza, frustração ou qualquer outra emoção que perturbe o sono] por causa de** _____ **[inserir a causa da sua agitação interior].**

Veja alguns exemplos:

- Eu estou sentindo medo por causa da minha situação financeira.
- Eu estou sentindo raiva por causa da maneira como meu cônjuge me tratou hoje.
- Eu estou sentindo tristeza por causa dos meus problemas de saúde.

Enquanto reconhece e dá nome ao que está sentindo, respire fundo e bem devagar algumas vezes para acalmar a mente e o sistema nervoso. E tenha paciência, pois pode levar um minuto ou mais para ficar presente

## 196 O MILAGRE DA MANHÃ

nos seus verdadeiros sentimentos. Reconheça as emoções que está sentindo com aceitação e sem julgamentos. Não precisa rotular o sentimento ou a si mesmo como bom ou ruim. Apenas observe o que está sentindo e de onde isso vem enquanto relaxa a cada respiração.

O segundo passo é se lembrar do principal objetivo ao dormir: *preparar a mente e o corpo para o sono feliz e dar a si mesmo permissão para aceitar e ficar em paz com o que estiver sentindo*. Mesmo se o sentimento for desagradável, resistir a ele só vai amplificar a agitação interior, porque resistir à realidade perpetua a dor emocional, deixando você mal. Quando resistimos aos sentimentos, não só ficamos mal como nos sentimos mal por estarmos mal. Lembre que você tem todo o direito de se sentir assim, mas que agora, na hora de dormir, não é o momento de ceder a esses sentimentos e perpetuar o estresse desnecessário. Experimente esta afirmação:

**Embora eu tenha todo o direito de me sentir assim, agora não é o momento de mergulhar em um estado estressante. O meu único objetivo é preparar minha mente e meu corpo para um sono feliz, então vou alinhar meus pensamentos e sentimentos com esse objetivo.**

Seja gentil consigo mesmo, fique em paz com o que estiver sentindo e lembre que agora é hora de alinhar os pensamentos e sentimentos com o objetivo principal da hora de dormir: preparar a mente e o corpo para uma ótima noite de sono.

O terceiro e último passo é *dar a si mesmo permissão para abrir mão dos pensamentos estressantes e dormir se sentindo bem*. Só você pode se dar permissão para ficar bem e sentir gratidão na hora de dormir. Experimente esta afirmação:

**Eu me dou permissão para abrir mão dos pensamentos e sentimentos estressantes. Escolho estar em paz e me concentrar no que sou grato para me sentir feliz na hora de dormir.**

Dar a si mesmo essa permissão pode parecer estranho no começo. Se a ideia de ficar feliz na hora de dormir parece impossível, entenda que isso provavelmente acontece porque você não tem esse hábito. Mas você definitivamente consegue. Lembre-se: o que acontece externamente não determina o que você sente; o processo é interno. Continue recitando essas afirmações até ser normal para você.

## Usar substâncias naturais para o sono, se necessário

Caso você tenha dificuldade para começar a dormir ou manter o sono, seria negligência minha não mencionar os suplementos para o sono que usei para superar o período agonizante de seis meses em que sofri de insônia crônica.

Eu saí em busca de remédios e soluções naturais e experimentei uma vasta gama de suplementos para o sono, prestando atenção de forma bem consciente em cada ingrediente. Também procurei os que não contivessem elementos sintéticos, e que fossem baseados em plantas e orgânicos sempre que possível. Acabei telefonando para pedir a opinião do Dr. Michael Breus, psicólogo clínico e especialista em medicina do sono, conhecido como Doutor Sono. Ele me respondeu com uma série de perguntas sobre minha alimentação, medicações e suplementos e fez suas recomendações. Depois, eu coloquei em prática tudo o que aprendi.

Em poucas semanas deixei de ter duas a quatro horas de sono por noite e passei para a quantidade muito mais saudável de seis a sete horas. Além disso, eu acordava me sentindo ótimo. Após experimentar vários suplementos para o sono, veja o regime que finalmente deu certo para mim:

**Uma hora e meia antes de dormir**
- 400 mg de magnésio
- 450 mg de valeriana orgânica

## 198   O MILAGRE DA MANHÃ

**Quarenta e cinco minutos antes de dormir**
- Óleo de canabidiol

**Trinta minutos antes de dormir**
- 3 mg de melatonina

Desde que comecei a aplicar esse regime de suplementos no Milagre da Noite, há mais de dois anos, eu consegui ter uma média de sete horas de sono de qualidade por noite. Também dei esses suplementos de presente para amigos que tinham dificuldade com o sono e os resultados foram promissores para quase todos os presenteados. Contudo, como cada corpo é *único*, até mesmo ervas e suplementos naturais podem fazer mal a uma pessoa com determinadas condições médicas ou causar efeitos colaterais indesejados. Eu descobri que sou alérgico a ashwagandha após tomá-la por alguns meses e ver que ela estava contribuindo para minha ansiedade e me deixando sonolento. Por isso, é fundamental consultar um médico de confiança antes de tomar qualquer suplemento.

Além disso, os suplementos para o sono não curaram minha insônia sozinhos. Eles foram apenas um componente da minha abordagem. Se eu tivesse continuado a comer quase na hora de dormir ou me permitisse ter pensamentos estressantes quando fosse deitar, acho que os suplementos não teriam ajudado muito.

Você pode não precisar desses auxílios para dormir, mas, caso precise, esses suplementos podem ser uma verdadeira salvação.

## Planejar o dia seguinte

Antes de dormir, tire da cabeça tudo o que você precisa fazer no dia seguinte. Seja anotando em uma agenda digital ou em um diário ou planner físico que fique na cabeceira da cama, organize sua agenda por hora (incluindo as horas livres). Você também pode reservar o fim do dia de trabalho para isso, assim não precisa pensar no assunto antes de dormir. De qualquer modo, anotar o que precisa fazer no dia seguinte ajuda a esvaziar a mente e reduzir o estresse. Gino Wickman fala disso em *Entrepreneurial Leap* [O impulso empreendedor]:

> Toda noite antes de dormir, eu planejo o dia seguinte em um bloco de anotações. Uso um bloco pautado, porque acredito no poder de escrever a mão. Eu reservo horários para tudo o que preciso fazer: telefonemas, reuniões e projetos que preciso terminar. Também listo tudo em ordem cronológica para mapear bem o dia.
>
> Se você fizer isso, vai dormir melhor, amanhecer com novas ideias e ser mais criativo. Além disso, vai acordar com respostas para problemas e projetos que precisa fazer no dia seguinte. Isso acontece porque seu subconsciente vai trabalhar neles enquanto você dorme.

Eu prefiro usar um aplicativo chamado Fantastical, similar ao Google Agenda, para planejar o dia. Gosto da agenda digital porque a maioria das minhas atividades diárias é recorrente, como Milagre da Manhã/Salvadores de Vida (4 a 5 da manhã), escrita (5 a 6 da manhã), prioridades do trabalho (6 a 7 da manhã), tempo com a família + vitamina (7 a 8 da manhã), exercícios + preparação para o expediente (8 a 9 da manhã), e-mails (9 a 10 da manhã), e por aí vai. Como essas atividades já estão com os horários reservados, raramente preciso pensar na minha agenda quando vou dormir. Ao preencher a sua, seja analógica ou digital, você tem a certeza de que terá tempo reservado para lidar com todas as tarefas importantes no dia seguinte. Quando as responsabilidades estão registradas por escrito, você não precisará mais pensar nelas e poderá se concentrar no objetivo de dormir em paz.

## Banir a luz azul

Se você tem dificuldade para pegar no sono à noite, a culpa pode ser do uso de aparelhos eletrônicos. Celulares, tablets, computadores e televisões emitem luz azul, também conhecida como luz visível de alta energia (HEV, na sigla em inglês), que produz maior quantidade de energia, despertando o estado de atenção e de alerta. Ela também limita a produção de melatonina, o hormônio que deixa você sonolento. Então, se você tem o hábito de olhar o celular ou assistir à TV antes de dormir, isso provavelmente está atrapalhando a qualidade do seu sono.

Como podemos eliminar ou minimizar a exposição à luz azul antes de dormir? Aqui estão algumas dicas:

- **Evite aparelhos eletrônicos de trinta a sessenta minutos antes de dormir.** Embora o ideal seja evitar a luz azul de duas a três horas antes de dormir, comece com um período de trinta a sessenta minutos. Para ajudar nisso, você pode programar um lembrete no celular para largar o celular (irônico, eu sei).
- **Mantenha o quarto o mais escuro possível.** Diminua as luzes trinta minutos antes de dormir. Você também pode usar lâmpadas vermelhas, que têm menor probabilidade de afetar o ritmo circadiano e suprimir a melatonina. Eu uso uma lâmpada vermelha no abajur de cabeceira.
- **Deixe o telefone carregando longe de você.** Nós falamos dessa dica no capítulo 5, mas acho importante repassá-la. Além de emitir luz azul, o conteúdo que está no celular é estimulante e pode deixar você alerta quando deveria estar relaxando. Se você tem dificuldade para resistir à tentação do celular antes de dormir, deixe-o carregando bem longe no quarto ou até no banheiro. Assim, você não vai conseguir pegá-lo distraidamente quando estiver indo dormir. E lembre-se: manter o alarme longe do seu alcance faz com que você precise se levantar da cama para desligá-lo de manhã, facilitando o ato de acordar e se manter acordado.

## Criar um estado mental feliz com as afirmações para a hora de dormir

Desapegar de pensamentos e emoções estressantes pode ser muito mais fácil quando você tem pensamentos e emoções pacíficos, calmos e empoderadores. Para alimentar o pensamento tranquilo, eu uso as seguintes afirmações para a hora de dormir, nas quais penso enquanto respiro fundo e lentamente. Convido você a reservar alguns momentos para fazer uma pausa depois de ler cada uma, respirar fundo, talvez fechar os olhos e se esforçar para sentir o que está afirmando.

Para aceitar o que aconteceu no dia, liberar qualquer resistência e estar completamente em paz, experimente esta afirmação:

> **Agora não é o momento de me preocupar ou tentar resolver meus problemas. Meu único objetivo é acalmar a mente e o corpo para um sono tranquilo e reparador.**

Para estar completamente presente no momento, experimente esta afirmação:

> **Este momento é perfeito. Eu estou em segurança e confortável em minha cama. Não tenho nada com que me preocupar.**

Para expressar, vivenciar e incorporar a gratidão, experimente esta afirmação:

> **Sinto gratidão por _____.**
> **OU**
> **Deus, muito obrigado(a) por _____.**

Se você tem o hábito de nutrir pensamentos estressantes antes de dormir, é importante reconhecer que será preciso um compromisso consciente de substituí-los por pensamentos tranquilos e de gratidão. O nosso jeito de pensar é habitual e em sua maior parte inconsciente, então o subconsciente pode resistir a novos pensamentos e querer voltar aos antigos por padrão (isso é normal e esperado). Ter afirmações escritas pode ser uma das formas mais simples e eficazes de controlar seus pensamentos e escolher os que lhe servem melhor.

A seguir está uma versão mais detalhada de minhas afirmações para a hora de dormir, que criei bem antes de pensar em escrever este livro. Eu as imprimi, deixei na cabeceira da cama e li todas as noites antes de dormir. Isso ajudou a me lembrar da intenção primária de relaxar a mente e o corpo a fim de me preparar para um sono feliz. Claro que elas também foram expandidas e atualizadas para este livro.

## Afirmações do Milagre da Noite para a hora de dormir

Eu me comprometo a ler minhas afirmações para a hora de dormir todas as noites a fim de preparar a mente e o corpo para um sono feliz e definir a intenção empoderadora de acordar me sentindo renovado e empolgado!

**Primeira:** eu fiz todas as tarefas necessárias a fim de me preparar para amanhã, incluindo definir tudo o que preciso para o Milagre da Manhã (livro, diário, roupas de ginástica, água etc.). Também deixei o alarme bem longe de modo que eu precise me levantar para desligá-lo, já que é muito mais fácil ficar acordado depois que já saí da cama e mexi o corpo.

**Segunda:** vou dormir às _____ horas e vou acordar às _____ horas, o que vai me dar aproximadamente _____ horas de sono. Isso é *o bastante*, porque sei que o jeito de me sentir quando acordar é influenciado pela intenção que defino agora. Então, independentemente do tempo que demore para dormir, vou acordar renovado, empolgado e inspirado para criar a vida mais extraordinária que posso imaginar porque eu e as pessoas que amo merecemos isso!

**Terceira:** eu me comprometo a acordar na hora para o Milagre da Manhã porque, ao fazer isso, estou me transformando na pessoa que preciso ser para criar tudo o que desejo para minha vida. Estou antecipando a manhã com expectativas positivas e empolgação (!) porque estou totalmente ciente dos benefícios que vou receber ao começar o dia com os Salvadores de Vida, então vou pular da cama com disposição e entusiasmo!

**Quarta:** o meu único objetivo agora é preparar a mente e o corpo para o sono feliz, então eu me permito desapegar de *todos* os pensamentos estressantes. Agora não é o momento de me preocupar ou tentar resolver meus problemas. Este momento é perfeito. Eu estou em segurança e confortável em minha cama. Não tenho nada com que me preocupar. Se eu tiver algum pensamento, vou direcionar o foco para algo pelo qual seja grato e sentir uma gratidão tranquilizadora de modo a mergulhar em um estado mental e emocional calmo que gere um sono tranquilo.

Eu já vi diversos integrantes da Comunidade *The Miracle Morning* postando o quanto essas afirmações foram úteis para acordar de modo eficaz a cada manhã. Um integrante da comunidade disse que as leu todas as noites antes de dormir por 48 dias consecutivos e não perdeu um Milagre da Manhã. Na primeira noite em que deixou de ler as afirmações para a hora de dormir, ele perdeu a hora.

Se você quiser imprimir uma cópia dessas afirmações para deixar ao lado da cama e ficar mais fácil se lembrar de realmente lê-las todas as noites, é possível baixá-las em MiracleMorning.com/Brazil.

## Ler um livro que faça você se sentir bem

Como dito anteriormente, ler é o jeito mais imediato e certeiro de adquirir conhecimento e definir o tom para o dia (ou, nesse caso, a noite). Também falei da importância de pensar positivo antes de dormir. Bom, adivinhe só: ler pode ajudar nisso. Escolha um romance que sempre deixe um sorriso em seu rosto, um livro sobre ser feliz ou qualquer leitura que faça você se sentir bem e acalme a mente.

Eu gosto de ir para a cama, colocar o telefone no modo avião, ligar o aparelho de ruído branco e pegar um livro de uma coleção que deixo na gaveta da mesa de cabeceira. Ler por dez a vinte minutos antes de dormir ajuda a entrar em um estado mental positivo antes de fechar os olhos. Para isso, existem dois critérios muito específicos para o que leio:

- Tem que ser um livro que me deixe bem, grato ou tranquilo, de modo que eu prepare a mente para um sono feliz.
- Tem que ser um livro que já li e cujas partes que gostaria de reler sublinhei para não gastar energia tentando compreender ou aprender algo novo.

Embora não seja necessário escolher algo que você já tenha lido, essa abordagem exige menos da mente. É uma leitura muito diferente da que faço durante o Milagre da Manhã, quando geralmente escolho algo *novo* que me ensine a melhorar ou conquistar um resultado específico em determinada área da vida, o que exige muito estorço mental.

Depois de ler, estou preparado para pensar nos motivos pelos quais sou grato, meditar ou recitar um mantra enquanto vou dormir.

## Dormir feito um bebê

Essa última etapa é tão filosófica e espiritual quanto prática. Pense que, ao vir para este mundo, você nasceu em um estado de consciência puro, sem preocupações, arrependimentos, opiniões, julgamentos, expectativas, inseguranças, medos ou religiões incutidos em você por pessoas que lhe disseram como pensar, sentir e se comportar. Você não tinha medo do fracasso, não estava estressado com problemas ou preocupado com o que os outros pensariam. A sua mente ainda não havia sido programada com as normas, padrões e regras inventados pela sociedade. Você não tinha julgamentos negativos a seu respeito ou sobre os outros. E certamente não ficava acordado à noite remoendo o passado ou se preocupando com o futuro.

Sem qualquer esforço, a alegria era o seu estado padrão, perturbado apenas por desconfortos físicos ocasionais, como fome ou falta de sono. Assim que você fosse alimentado ou tirasse um cochilo, voltava a sorrir, gargalhar e observar. Existe um motivo pelo qual os bebês às vezes são chamados de "pacotinhos de alegria". A alegria é o nosso estado natural e inerente.

Porém, à medida que você envelhece, tudo muda. Os estados naturais de liberdade interior e alegria inerente são corroídos pela programação externa. Ao crescer, somos condicionados pelos nossos pais e pela sociedade em geral a pensar que a alegria e a felicidade são encontradas fora de nós: um desenho animado, um brinquedo, comida, elogios, conquistas. Mas nada disso fornece alegria e felicidade verdadeiras e constantes. Esses estímulos externos produzem picos emocionais breves e estados de prazer que se dissipam rapidamente, precisando ser substituídos por outros estímulos.

É hora de voltar ao estado inerente de liberdade interior, e a hora de dormir é a oportunidade perfeita para começar, assumindo o controle do seu bem-estar mental e emocional. Você não precisa ficar acordado à noite remoendo o passado ou se preocupando com o futuro. Claro que você pode fazer isso se quiser, mas a escolha é sua.

Lembre-se: a percepção (e consequente decisão) que me tirou da insônia crônica, privação do sono, ansiedade grave e depressão, me levando a dormir e sonhar feito um bebê, foi a seguinte: *Meu único objetivo na hora de dormir é preparar a mente e o corpo para um sono feliz.* Só isso. Nada mais.

## 206 O MILAGRE DA MANHÃ

Mas como isso acontece na prática? Eu coloco em prática todos os passos dos Adormecedores e, quando deito para dormir, fico alguns minutos pensando nas coisas pelas quais sou grato e me permitindo mergulhar em um sentimento de gratidão. Acho útil direcionar a gratidão para Deus, pensando algo como *Deus, muito obrigado por minha esposa, Ursula. Sou muito abençoado por tê-la na minha vida.* Em seguida, eu respiro devagar e profundamente enquanto penso em Ursula e me entrego ao presente de mergulhar em um estado amplo de gratidão. Depois penso em outros aspectos da vida pelos quais sinto gratidão, como meus filhos, minha saúde, nossa casa, minha cama confortável, e por aí vai.

Se tive um bom dia, eu repasso os eventos que aconteceram nele, como agradecer a Deus e me sentir grato por ter conseguido jogar um jogo de tabuleiro com meu filho, pela conversa importante que tive com minha filha, pelo progresso que fiz no trabalho e pela refeição que minha esposa preparou para nossa família.

Geralmente essa rotina me faz dormir. Mas, quando isso não acontece, eu continuo me concentrando na respiração e nos motivos para ser grato enquanto recito afirmações tranquilizadoras até finalmente dormir me sentindo grato e em paz.

Ao se concentrar nos motivos para sentir gratidão, você entra em um estado tranquilo de contentamento antes de dormir e dá ao subconsciente o presente de ter pensamentos felizes por uma noite. Não foi necessariamente fácil praticar esses métodos no começo e você não deve esperar que seja. Se você não estiver acostumado a se concentrar e sentir gratidão de modo consciente, pode parecer estranho ou ilusório no começo. De novo, nossos padrões de pensamento são majoritariamente inconscientes e habituais, então é preciso um esforço consciente e algum tempo para atualizar a forma como ele funciona. Recitar afirmações na hora de dormir que digam no que você deve se concentrar definitivamente ajuda. Ao longo do tempo foi ficando mais fácil pensar positivo antes de dormir e me preparar para um sono reparador até o processo ficar inconsciente e automático. Quando me dei conta, deixei de ficar acordado me sentindo estressado e passei a dormir me sentindo genuinamente grato e em paz. E eu não só dormia assim como acordava me sentindo da mesma forma!

O sono é um dos presentes mais benéficos que damos à mente e ao corpo, e, com os Adormecedores, você está perfeitamente preparado para aproveitar esse presente ao máximo.

## Personalize o Milagre da Noite

Assim como os Salvadores de Vida, a sua rotina do Milagre da Noite pode ser ajustada e personalizada para se encaixar na sua agenda e preferências. Assim como este livro ensina a criar o *seu* ritual do Milagre da Manhã, este capítulo trata de estabelecer o *seu* ritual do Milagre da Noite. Você pode colocar em prática todos os passos dos Adormecedores, escolher com qual deles você mais se identifica ou criar o seu ritual do zero. O importante não é a versão escolhida, e sim a implementação de algum ritual noturno que ajude você a relaxar a mente e o corpo para que possa ter uma boa noite de sono e acordar se sentindo descansado e rejuvenescido.

Simplificar ajuda muito. Por exemplo, você pode parar de comer algumas horas antes de dormir, pensar nos motivos para sentir gratidão na hora de deitar e não precisar de mais nada para relaxar e dormir bem. Com o intuito de ajudar nisso, aqui estão os objetivos essenciais para ter em mente ao personalizar a rotina do Milagre da Noite:

- Desapegar de pensamentos e sentimentos estressantes para dormir sentindo-se calmo e relaxado.
- Definir o ambiente interno e externo para acordar renovado e bem--disposto.
- Ir dormir sentindo gratidão e paz.

Algumas outras estratégias que você pode considerar são: usar máscara para os olhos e tampões de ouvido para eliminar a possibilidade de o sono

## O MILAGRE DA MANHÃ

ser perturbado por luzes ou sons; usar ruído branco ou marrom também pode ser útil para algumas pessoas. Eu gosto de usar tanto tampões de ouvido quanto um aplicativo de ruído branco no celular, que está longe de mim e no modo avião. Isso ajuda a abafar qualquer barulho inesperado que possa perturbar o sono.

## Considerações finais sobre o Milagre da Noite

Você agora tem uma estrutura básica para criar seu ritual do Milagre da Noite que vai complementar o Milagre da Manhã. Lembre-se de que manter uma nova rotina exige um compromisso inicial, mas em pouco tempo vai ficar automático (geralmente dentro de algumas semanas). Então tenha fé no processo e lembre que os benefícios serão significativos e que, quanto mais você fizer o ritual, mais fácil ele ficará.

A forma como você termina o seu dia pode ser tão importante quanto como o começa. Embora o Milagre da Manhã permita começar o dia em um estado físico, mental, emocional e espiritual elevado, a rotina do Milagre da Noite permite que você termine o dia se sentindo grato e em paz para ter um sono feliz e acordar bem.

Por experiência própria, posso dizer que, não importa o quanto pareça difícil abrir mão dos pensamentos estressantes e ter uma boa noite de sono, implementar o ritual do Milagre da Noite pode ser tão transformador para você quanto foi para mim. Você merece dormir sentindo paz e gratidão, e só você pode dar esse presente a si mesmo. Faça os Adormecedores hoje à noite, e que você acorde descansado, rejuvenescido e pronto para o Milagre da Manhã, tornando-se assim o seu melhor para quem você ama, lidera e para si mesmo todos os dias.

*Capítulo 12*

# A Vida Milagrosa

## O caminho para a liberdade interior

*Se quiser, você pode encontrar um milhão de motivos para odiar a vida e ter raiva do mundo. Ou pode encontrar um milhão de motivos para amar a vida e ser feliz. Escolha com sabedoria.*

— CARI WELSH

*O que você vai descobrir é que a única coisa que realmente deseja da vida é sentir entusiasmo, alegria e amor. Se você puder sentir isso o tempo todo, quem se importa com o que acontece lá fora? Se puder estar sempre animado, empolgado com a experiência do momento, não faz a menor diferença que experiência é.*

— MICHAEL SINGER

Imagine que eu aparecesse magicamente na sua frente agora, como um gênio. Estou flutuando de pernas cruzadas, levitando no ar (eu sei que isso ficou esquisito, mas continue), e digo que posso lhe conceder um desejo, mas de um tipo muito específico.

Eu não posso dar uma mansão chique ou uma pilha de dinheiro, não posso deixar você mais jovem ou mudar sua aparência física, não posso fazer qualquer pessoa da sua vida ser mais fácil de conviver (desculpe, eu sei que isso provavelmente seria muito útil) e definitivamente não posso conceder mais mil desejos.

O único desejo que tenho o poder de conceder é a capacidade ilimitada de você escolher como vivencia cada momento, não importa como as suas circunstâncias ou as pessoas ao seu redor sejam difíceis. Em outras palavras, você pode escolher seu estado mental e emocional em cada momento: viver sem ser consumido por medo, estresse e preocupações, acordar todos os dias e amar verdadeiramente a sua vida, viver em um estado de júbilo, ser mais feliz do que nunca, vivenciar o paraíso na Terra, todos os dias, pelo resto da vida. Você decide. O que você desejaria? Como escolheria passar cada momento?

O problema é que fomos condicionados a acreditar que nosso bem--estar mental e emocional é ditado por forças externas. Nós acreditamos erroneamente que, *quando algo de bom acontece, eu me sinto bem e, quando algo de ruim acontece, eu me sinto mal*. Então nós permitimos que circuns-tâncias, eventos e outras pessoas determinem nossos sentimentos e, no fim das contas, nossa experiência de vida. A Vida Milagrosa nos oferece um paradigma novo e muito mais poderoso: *não importa o que aconteça, eu sinto o que escolho sentir*.

A solução é aprender a assumir o controle do seu estado mental e emocional para que possa escolher de modo proativo como vivenciar cada momento, um conceito ao qual você já foi apresentado neste livro, com a Meditação de Otimização Emocional.

A Vida Milagrosa é um conceito que evoluiu ao longo de uma década de prática do Milagre da Manhã com foco na elevação da minha consciência. Para entender a diferença fundamental entre os dois e como eles se com-plementam, pense que o Milagre da Manhã é uma prática para desenvolvi-mento pessoal, enquanto a Vida Milagrosa é um paradigma para realização pessoal. O Milagre da Manhã permite que você desenvolva a mentalidade, os hábitos e habilidades necessárias para criar as circunstâncias que deseja para sua vida, e a Vida Milagrosa desbloqueia a capacidade de vivenciar estados ideais de consciência para que você possa ser genuinamente feliz e apreciar a vida que tem, não importa quais sejam as circunstâncias.

A Vida Milagrosa é o caminho para a liberdade interior, e a liberdade interior é o estado de consciência a partir do qual você está livre para escolher como interpreta e vivencia cada momento. Esse estado de consciência está disponível para todos, não importam as circunstâncias. Nós ganhamos acesso a ele quando paramos de acreditar erroneamente que forças externas são responsáveis por como nos sentimos, quando aprendemos a estar em paz com o que não podemos mudar e não nos permitimos mais ficar aborrecidos com os aspectos da vida que estão fora do nosso controle.

Imagine ser capaz de escolher conscientemente o seu estado emocional e mental ideal em cada momento, além de estar em paz e mais feliz do que nunca durante as circunstâncias mais difíceis que você já enfrentou. É isso que a Vida Milagrosa permite que você faça.

Em outras palavras, a Vida Milagrosa não é uma mudança nas circunstâncias, é uma transformação completa na *forma como você vivencia as circunstâncias*. É um processo de elevar e condicionar sua consciência a um estado de liberdade interior, de modo que você esteja totalmente livre para escolher o que pensa e sente em cada momento. Como disse tão claramente a citação de Cari Welsh que abriu este capítulo: "Se quiser, você pode encontrar um milhão de motivos para odiar a vida e ter raiva do mundo. Ou pode encontrar um milhão de motivos para amar a vida e ser feliz. Escolha com sabedoria."

## O principal obstáculo à liberdade interior: a agitação interior

Pense que duas pessoas podem ter circunstâncias quase idênticas ou sofrer tragédias semelhantes, mas uma está péssima, sempre sofrendo e reclamando que a vida é horrível, enquanto a outra está em paz, genuinamente feliz, expressando e vivenciando de modo consistente a gratidão pelo quanto ela

## 212 O MILAGRE DA MANHÃ

é abençoada por estar viva. Como isso é possível? Apesar de ter as mesmas circunstâncias, dois paradigmas radicalmente diferentes criam duas formas radicalmente diferentes de vivenciar a vida. Qual você escolheria? Você está ciente de que tem uma escolha?

Ao escolher entre esses dois paradigmas, a maioria de nós, senão todos, com certeza escolheria ser a pessoa que está em paz, genuinamente feliz, expressando de modo consistente a gratidão pelo quanto *nós* somos abençoados por estarmos vivos. Todos querem vidas mais felizes, calmas e realizadas. Infelizmente, a maioria de nós não se permite ser feliz e vivenciar sentimentos prolongados de paz e realização, porque de maneira inconsciente acha que forças externas — outras pessoas, eventos, circunstâncias e o próprio passado — têm o poder de determinar o que sentimos.

Por consequência, a maioria de nós passa pela vida sofrendo com estados mentais e emocionais como estresse, medo, ansiedade, raiva, culpa, vergonha, ressentimento, ódio e outras formas de dor emocional, deixando de vivenciar estados de paz, amor, alegria, gratidão, confiança, felicidade e até êxtase, que sempre estiveram disponíveis para nós.

Nós continuamos a sofrer, porque ninguém ensinou a canalizar nossa capacidade de escolher conscientemente como vivenciamos cada instante. Isso é ainda mais verdadeiro em momentos de adversidade, quando a vida é difícil ou dolorosa ou quando enfrentamos desafios que podem parecer insuperáveis e nos sentimos desesperançados.

Para elevar nossa consciência a um estado de liberdade interior, precisamos identificar e transcender qualquer obstáculo que nos impeça de fazer isso. E, embora possamos criar uma lista infinita de obstáculos *externos* para estarmos estressados ou infelizes (situação financeira, traumas do passado, ações de outras pessoas ou qualquer circunstância difícil à qual atribuímos a culpa pelo que sentimos), podemos resumir todos a um único obstáculo *interno* fundamental que nos impede de viver no estado de liberdade interior.

Qual é esse obstáculo subjacente? A agitação interior.

Nós vivenciamos a agitação interior na forma de estados emocionais e mentais como medo, vergonha, culpa, arrependimento, raiva ou impotência. Embora a liberdade interior seja o estado no qual nascemos e esteja sempre disponível para nós, a agitação interior nos impede de vivenciar amor, alegria, paz, felicidade, clareza, confiança e outros estados mentais e emocionais positivos e desejados. Quando você passa por qualquer grau de agitação interior, você se bloqueia de vivenciar o estado inerente de liberdade interior. Você não pode vivenciar os dois estados ao mesmo tempo, então está sempre escolhendo entre eles.

Levar a vida em um estado de liberdade interior exige superar o obstáculo da agitação interior e, para transcender qualquer obstáculo, é preciso identificá-lo. Se não tivermos clareza sobre o que está causando os estados mentais e emocionais indesejados, não seremos capazes de descobrir a causa raiz e eliminá-la.

## Causas da agitação interior

Existem uma causa abrangente e uma subjacente da agitação interior. A causa abrangente é permitir que forças externas determinem nosso bem-estar mental e emocional. É natural (e errôneo) pensar que ficamos aborrecidos porque algo nos aborreceu. Na superfície, isso parece totalmente lógico, mas não é assim que funciona.

Quando enfrentamos qualquer grau de adversidade, seja um pequeno aborrecimento ou uma grande tragédia, resistimos à realidade e desejamos que ela fosse diferente. Nós não sabemos que a *resistência à realidade* é que é a causa da dor emocional, e não o motivo do aborrecimento em si. Além disso, o grau de dor emocional que criamos para nós depende do grau de resistência à realidade e do desejo de que situações sobre as quais não temos controle fossem diferentes.

**A causa subjacente de toda agitação interior e dor emocional é a resistência inconsciente à realidade, o desejo de que algo fora do nosso controle fosse diferente.**

## 214   O MILAGRE DA MANHÃ

O pior é que resistir à realidade não muda nada, só nos leva a criar e alimentar constantemente sentimentos desnecessários de estresse, medo, raiva, ressentimento e qualquer outra forma de dor emocional que prolonga o sofrimento e rouba nossa liberdade de estar em paz e aproveitar a vida.

# O caminho para a liberdade interior

A Vida Milagrosa é baseada em um conceito atemporal que foge à maioria das pessoas: nós nascemos com a liberdade inerente de escolher como vivenciar cada momento. Para canalizar esta capacidade, é preciso ativamente elevar e condicionar nosso estado de consciência ao de *liberdade interior*.

A liberdade interior não é um conceito novo, sendo o objetivo principal não só de sábios e filósofos, mas de qualquer pessoa que deseje viver em um estágio verdadeiramente livre. Em 1941, Paramahansa Yogananda, autor do clássico espiritual *Autobiografia de um iogue*, escreveu que a "liberdade interior é a capacidade de fazer tudo guiado pela sabedoria". Deepak Chopra defende que "a liberdade mais preciosa é a interior". No século XXI, milhões foram apresentados ao conceito de liberdade interior pelos livros de Michael Singer, *A alma indomável* e *A vida sem amarras*, nos quais ele diz: "Só você pode dar ou tirar a liberdade interior de si mesmo. Mais ninguém pode fazer isso. Não importa o que os outros façam, a menos que você decida que as ações deles importam para você."

Embora as emoções tenham vida curta e sejam efêmeras, os estados de consciência são a nossa forma de sentir a vida. A liberdade interior é um estado fundamental de consciência que se baseia em estar totalmente em paz com todos os aspectos da vida para que nada externo tenha o poder de determinar seu estado mental ou emocional. Quando isso acontece, você escolhe como vai vivenciar cada momento em que está vivo.

A maioria das pessoas não sabe que a liberdade interior está disponível para elas. Seu estado interior fica à mercê das circunstâncias externas. Se elas acordam tarde para trabalhar, brigam com o cônjuge ou recebem um

A VIDA MILAGROSA  **215**

e-mail furioso de um cliente, acabam permitindo que isso afete seus sentimentos a ponto de *deixar* que estrague todo o dia. Se elas perdem um voo, ficam chateadas e remoendo por várias horas o que aconteceu.

Embora a maioria de nós não saiba que temos acesso ilimitado à liberdade interior e continuemos a sofrer graus variados de agitação interior, dor e instabilidade emocional, existem vários exemplos de pessoas ao longo da história que mostraram que este estado libertador está disponível para *todos* nós, não importa o quanto as circunstâncias sejam difíceis.

Pense no famoso psiquiatra e escritor Viktor Frankl. No livro *Em busca de sentido*, Frankl descreve que, em 1942, ele e a família foram enviados ao campo de concentração de Theresienstadt, onde o pai morreu. Em 1944, ele e os integrantes de sua família que ainda estavam vivos foram levados a Auschwitz, onde a mãe e o irmão foram assassinados. Depois, a esposa morreria em outro campo de concentração. Ele passou por tudo isso nas terríveis condições de fome, privação do sono e tortura psicológica.

Podemos com certeza concordar que Frankl enfrentou horrores em um grau além do que a maioria de nós já viveu. Mesmo assim, inspirado em seus estudos como psicólogo, ele foi capaz de encontrar sentido na vida, a despeito das circunstâncias. Como ele fez isso? Ao perceber que, embora sua liberdade exterior estivesse restrita por outras pessoas, ele poderia se concentrar na liberdade interior para escolher sua experiência de vida em meio à morte e à destruição.

Nas palavras de Frankl: "Tudo pode ser tirado de um homem, exceto a última das liberdades humanas: escolher sua atitude em um determinado conjunto de circunstâncias."

Em outros termos, a liberdade interior não é obtida mudando as circunstâncias, e sim elevando a consciência de modo que você seja livre para escolher a forma de vivenciá-las. Não importa o quanto sua vida tenha sido, seja ou será difícil, você sempre terá a liberdade de escolher a forma de vivenciar cada momento.

Será que é possível que nós, seres humanos, nasçamos com a liberdade de ser genuinamente felizes e apreciar a vida que recebemos? É possível

## O MILAGRE DA MANHÃ

que não haja nada o que buscar e que a vida em si tenha um suprimento ilimitado de alegria verdadeira, mas que o problema seja que aderimos inconscientemente a paradigmas da sociedade que nos impedem de vivenciar tudo o que a vida tem a oferecer?

## A felicidade é uma escolha

Quando eu tinha 19 anos, meu mentor Jesse Levine me ensinou um jeito de assumir a responsabilidade total pela minha felicidade e nunca botar a culpa do meu estado emocional em alguém ou algo. Embora eu não tenha entendido o impacto que aquela lição teria em minha vida, ela acabaria transformando minha capacidade de escolher como vivenciar cada momento que viria depois. Isso seria particularmente valioso ao me preparar para enfrentar as adversidades inimagináveis que tive pela frente.

Jesse me ensinou que "a felicidade é uma escolha. Cabe a nós escolher se seremos felizes ou não". Não sei como você reage a esta afirmação, mas, quando ouvi isso pela primeira vez, eu não acreditei. Meu paradigma era: "Quando tudo na vida vai bem, eu estou feliz. Quando nada vai bem, eu estou infeliz." Simples assim.

Então ele me explicou que, na vida, existem basicamente duas páginas metafóricas, nas quais podemos nos concentrar a qualquer momento. Uma contém todos os motivos que temos para ficar mal (nossos problemas, medos, arrependimentos, dores físicas, traumas do passado, pessoas de quem não gostamos etc., a lista é infinita), e a outra contém todos os motivos para ficar bem, muitos dos quais não valorizamos (a saúde, a vida, o momento atual, o teto para morar, as pessoas que amamos, o alimento que temos para comer, nossa conexão com Deus, a natureza etc., essa lista também é infinita).

Todos os seres humanos no planeta têm acesso às duas páginas, dos que sofrem dores ou tragédias inimagináveis aos que vivem melhor que nós. O segredo é entender o seguinte: a página em que *escolhemos* prestar atenção de forma consciente tem a influência mais significativa sobre o que sentimos em um determinado momento.

Por isso, existem pessoas consideradas "altamente bem-sucedidas" na sociedade moderna (como milionários, celebridades etc.), que parecem ter tudo que sempre desejaram, mas estão sofrendo, enquanto alguns aldeões de países em desenvolvimento vivendo abaixo da linha da pobreza (mas profundamente gratos pelo que possuem) sorriem de orelha a orelha diante da vida difícil que eles têm a benção de viver.

Você pode conhecer alguém que reclama da vida o tempo todo e justifica dizendo algo como: "Não sou negativo. Sou apenas realista."

Sério? Então vamos nos perguntar por que é mais realista reclamar dos aspectos que nos deixam mal do que celebrar o que há de bom na vida? As duas perspectivas são *igualmente* realistas, mas a página na qual escolhemos nos concentrar (na maior parte do tempo) determina o que sentimos (na maior parte do tempo).

Então talvez o Jesse tenha razão. Talvez a felicidade seja uma *escolha*, e nós podemos decidir se somos felizes com base na página da vida em que escolhemos nos concentrar na maior parte do tempo.

Quando acordei de um coma aos 20 anos de idade após ter quase morrido em uma colisão frontal com um motorista bêbado, eu tomei a decisão consciente de que lutaria para ser a pessoa mais feliz e grata que o mundo já vira, *enquanto* vivia o período mais difícil da minha vida. Graças ao paradigma empoderador que Jesse tinha me ensinado apenas um ano e meio antes, eu pude fazer exatamente isso. Ao aceitar minhas circunstâncias exatamente como eram, ficar em paz com tudo o que não podia mudar, e concentrar minha energia e atenção na página da vida que listava todos os motivos para sentir gratidão (enquanto fazia tudo o que podia de modo proativo para criar os resultados que desejava), eu pude apreciar cada momento em meio àquela adversidade que aparentava ser insuperável.

Eu sei por experiência própria que a vida pode ser cronicamente difícil e trazer problemas inesperados. Também acredito que podemos olhar para trás um dia e nos arrepender de todo o tempo que perdemos culpando as

## 218 O MILAGRE DA MANHÃ

forças externas pelo que sentimos e não nos permitindo ser felizes. Você já tem o que precisa para ser a pessoa mais feliz possível. O nome disso é *vida*. Cabe a você apreciá-la ou não. Mas é preciso entender que colocar a culpa da nossa agitação interior em forças exteriores nos impede de sermos felizes e aproveitarmos as experiências.

Vamos ensinar você a usar três passos simples para aceitar os aspectos da vida que estão fora do seu controle, permitir-se ficar em paz com o que não pode mudar, ser mais grato do que jamais foi e dar a si mesmo permissão para ser feliz e apreciar a vida que você tem a benção de viver.

# O ABC da Vida Milagrosa

A Vida Milagrosa pode ser lembrada e implementada com uma fórmula simples e fácil de lembrar: ABC. Isso é proposital. Dispositivos mnemônicos são uma técnica altamente eficaz para melhorar a retenção de memória, além da capacidade de recordar e colocar informações em prática. Quanto mais fácil for se lembrar de algo, maior a probabilidade de reter essa informação e de continuar a aplicá-la.

Embora a fórmula a seguir seja simples, ela exige prática consistente (como tudo o que vale a pena), de modo a elevar e condicionar sua consciência para ser automática e quase sem esforço. Eu recomendo integrar esses passos à prática diária do Milagre da Manhã a fim de que o paradigma da Vida Milagrosa fique profundamente enraizado no seu subconsciente. Vamos ensinar a fazer isso nas próximas páginas.

A boa notícia é que a maioria das pessoas sente uma transformação imediata na percepção de como vivem cada momento. Em poucas semanas ou até dias, o ABC pode afetar de forma drástica a sua felicidade e capacidade de se manter em paz em situações que antes teriam causado dor e instabilidade emocional. Praticá-lo diariamente em eventos menores (como ficar preso no trânsito ou ter um conflito com outra pessoa) constrói a habilidade para lidar com os eventos maiores (como enfrentar problemas financeiros, desafios de saúde, perda de um ente querido ou fim de um relacionamento).

- **Aceitar a vida como ela é.** Nem sempre gostamos do que acontece na vida. O trânsito intenso quando estamos atrasados, os problemas na escola dos nossos filhos, o cônjuge que faz algo que nos enlouquece, o cliente que cancelou um pedido, demissões, o diagnóstico de uma doença grave, a morte súbita de alguém que amamos. É da natureza humana se abalar e rejeitar a realidade, desejando muito que ela fosse diferente. Mas essa rejeição não muda nada, apenas nos faz sofrer e impede que sejamos capazes de reagir ao problema de modo construtivo. Depois que entendemos que a causa da dor emocional é a resistência à realidade, podemos ver que a solução é aprender a aceitar a vida exatamente como ela é e se permitir ficar em paz com essa realidade.
- **Basear-se na gratidão em todos os momentos.** A gratidão é uma lente universal através da qual podemos interpretar e vivenciar *todos* os momentos da vida, incluindo os mais difíceis, desagradáveis e dolorosos. Embora seja fácil, natural e extremamente benéfico sentir gratidão pelos aspectos da vida que são favoráveis, pode ser ainda mais benéfico aprender a ser genuinamente grato diante da adversidade. Embora a gratidão pela adversidade não pareça intuitiva, pense que cada obstáculo nos dá a oportunidade de aprender, crescer e nos transformar em versões melhores de quem éramos quando encontramos a dificuldade. Muitas vezes é durante os momentos mais difíceis ou dolorosos que a vida nos presenteia com as maiores oportunidades de evoluir.
- **Escolher o seu estado de consciência.** Lembre que, embora as emoções tenham vida curta e sejam fugazes, os estados de consciência são formas subjacentes e contínuas de vivenciar todos os momentos da vida. No momento em que alguém fecha você no trânsito, você

pode não ser capaz de controlar aquele surto de raiva que sente, mas pode controlar como se sentir depois disso, ao escolher no que vai se concentrar e em que estado de consciência vai mergulhar. Você pode decidir que o estado a personificar a seguir é a empatia. Talvez aquela pessoa estivesse correndo para o hospital para ver um filho doente. Talvez tenha sido demitido do emprego ou talvez apenas não tenha visto você e cometeu um erro. Seja qual for o motivo, você não pode mudar o que aconteceu. Você só pode escolher a forma de vivenciar cada momento.

Vamos mergulhar mais fundo para entender as nuances e os benefícios de cada passo.

## Passo A: aceitar a vida como ela é

Não importa se enfrentamos um desafio inesperado ou uma adversidade crônica, quando nos sentimos abalados e desejamos que a realidade seja diferente, nós temos duas escolhas fundamentais:

- Podemos continuar resistindo à realidade, desejando que aquilo que está fora do nosso controle seja diferente, o que nos leva a sentir agitação interior, dor emocional e instabilidade constantes.
- Podemos aceitar a vida como ela é, ficar em paz com o que não podemos mudar e manter o foco em mudar aquilo que podemos, identificando o estado mental e emocional ideal para escolher como vivenciar cada momento da vida.

Quando comecei minha carreira com venda direta aos 19 anos, outra lição que aprendi com meu mentor foi que essa profissão é um microcosmo da vida, mas com adversidades amplificadas. Em outras palavras, ele explicou que um vendedor vive quase todos os dias os desafios (fracasso, rejeição, decepção etc.) que a maioria das pessoas só vive ocasionalmente.

## A VIDA MILAGROSA    221

Para gerenciar de forma eficaz o meu estado mental e emocional em meio a esses desafios, ele me ensinou outra estratégia poderosa, que uso até hoje: a regra dos cinco minutos. Segundo ela, quando acontece algo de que não gostamos, seja uma pequena inconveniência ou grande tragédia, não há problema em ficar abalado por um breve período, mas não vale a pena remoer a situação por muito tempo, desejando que não tivesse acontecido e sentindo-se mal em relação a ela por um longo período de tempo.

Ele me ensinou a programar um alarme para tocar em cinco minutos, durante os quais eu tinha a permissão de ficar com raiva, lamentar, reclamar, chorar, desabafar, sentir pena de mim mesmo ou ceder a qualquer resposta emocional que surgisse. Quando os cinco minutos se passassem, ele me ensinou a aceitar conscientemente o que aconteceu (ou não aconteceu) e seguir em frente. Ele também me ensinou a dizer três palavras muito impactantes quando o alarme tocasse: "Posso mudar isso?" Era para lembrar que não faz sentido continuar resistindo à realidade e desejando que o passado seja diferente. Ele explicou que a única escolha lógica era aceitar a vida exatamente como ela era e concentrar cem por cento da minha energia e atenção no que eu pudesse controlar.

Quando soube da regra dos cinco minutos, eu zombei dela e pensei: "Até parece. Não vou superar algo em cinco minutos só porque programei um alarme." Mas eu também me comprometi a experimentá-la com sinceridade. Afinal, o que eu tinha a perder?

Alguns dias depois levei meu primeiro bolo profissional. Eu tinha agendado uma apresentação da Cutco com uma mulher e dirigi por 45 minutos para encontrá-la, mas, quando cheguei lá, ninguém estava em casa. Um bilhete dizia: "Desculpe, não queremos facas!" Eu quase não acreditei. Em vez de pelo menos fazer a gentileza de me ligar para cancelar a visita, ela permitiu que eu perdesse meu tempo em uma viagem de 45 minutos para encontrar um bilhete.

Eu voltei ao carro, peguei o celular e programei um alarme para tocar em cinco minutos. Enquanto saía de lá, comecei a pensar no quanto ti-

## 222    O MILAGRE DA MANHÃ

nha sido desrespeitoso me deixar fazer uma viagem tão longa e não estar presente. Pensei na renda que perdi ao desperdiçar meu tempo, quando poderia ter feito outra visita, fiquei com medo de não alcançar meus objetivos, pensei com quem eu poderia reclamar sobre isso e até ensaiei o que diria para fazer a história soar o mais dramática possível. Você se identifica com isso?

De repente, levei um susto quando o alarme do celular tocou. Eu o desliguei e disse em voz alta: "Ainda estou chateado!" Pelo menos senti que estava certo quando afirmei que cinco minutos não seriam o bastante para superar a chateação.

Nas semanas seguintes continuei aplicando a regra dos cinco minutos. Surpreendentemente, ela começou a ter um grande impacto. Após desligar o alarme, eu respirava fundo e dizia: "Não posso mudar isso", um lembrete simples, porém poderoso de que, como eu não sou capaz de mudar algo que já aconteceu cinco minutos, cinco dias ou cinco décadas atrás, a única escolha produtiva que eu tinha era aceitar a vida exatamente como ela era e seguir em frente. Sempre que me sentia chateado, pegava o celular e programava o alarme. A prática passou a ser automática e os resultados foram promissores. Notei que, embora eu ainda continuasse chateado por mais de cinco minutos, o tempo que levava para aceitar o que aconteceu e ficar em paz com a situação estava diminuindo cada vez mais.

Até que algo extraordinário aconteceu. Duas semanas após ter começado a usar a regra dos cinco minutos, eu enfrentei o obstáculo mais importante da minha curta carreira em vendas. Aconteceu em uma noite de domingo. Eu tinha acordado naquela manhã determinado a bater minha meta semanal. Os pedidos seriam enviados na manhã seguinte e eu precisava de dois mil dólares para bater a meta. Vender mil dólares em um dia já seria significativo; vender em um domingo os dois mil de que eu precisava era improvável. Contudo, eu havia conseguido agendar duas visitas naquela tarde e, embora a primeira pessoa não tivesse comprado nada, a segunda fez um pedido de mais de 2.300 dólares e me fez ultrapassar a meta semanal! Liguei para Jesse e contei a novidade, feliz da vida. Ele me disse que não só eu tinha batido a meta, como seria o melhor vendedor da semana. Eu fiquei em êxtase!

Passei a próxima hora imaginando como seria quando Jesse me elogiasse por ser o melhor vendedor da semana na reunião de equipe que aconteceria na quarta-feira à noite. Já estava imaginando como gastar o dinheiro da comissão. Até que por volta das 21 horas o telefone tocou. Era a mulher que fez o pedido grande, dizendo que o marido ficou chateado ao descobrir que ela tinha gastado tudo aquilo em facas, por isso precisava cancelar a compra. Fiquei tristíssimo. Tentei negociar e lembrá-la de que havia um período de teste de 15 dias e do quanto ela tinha amado as facas, mas a mulher estava decidida. *Não. Como isso pôde acontecer?* Algumas horas antes, eu estava celebrando meu maior pedido, que tinha me levado a bater a meta e ser o melhor vendedor da semana, e agora tudo tinha acabado, assim como a comissão que eu já tinha gastado na minha cabeça. Superdecepcionado, desliguei o telefone e, no automático, programei o alarme para cinco minutos.

Quando os segundos começaram a decrescer, naturalmente comecei a resistir à realidade. *Não acredito que ela cancelou. Marido idiota. Se ele estivesse lá para ver a apresentação, provavelmente teria amado a Cutco tanto quanto ela! Que droga. Eu queria que isso não tivesse acontecido, mas aconteceu. E não posso mudar essa situação. E agora? Acho que a única escolha lógica que realmente tenho é parar de resistir à realidade, aceitar que ela cancelou, que não atingi minha meta semanal, e me concentrar apenas no que eu posso controlar: acordar amanhã cedo e fazer ligações para agendar mais visitas.*

Respirei fundo e, ao expirar, disse em voz alta: "Não posso mudar isso." Então senti a tensão diminuir, o que me levou a pegar o celular e olhar para o alarme. Ainda faltavam quatro minutos e 32 segundos. Eu pensei: *Qual é o sentido de ficar chateado pelos próximos quatro minutos e meio, quando posso escolher aceitar a realidade e estar em paz com o que não posso mudar agora, para poder seguir em frente?* Eu desliguei o alarme, respirei aliviado e senti a disposição aumentar ao perceber que estava no controle do meu estado interior. Pensar que agora eu tinha a capacidade de aceitar tudo o que

# 224 O MILAGRE DA MANHÃ

acontecesse em minha vida, parando de resistir e imediatamente ficando em paz, me parecia um superpoder.

Não importava o que acontecesse, eu podia resistir à realidade e ficar chateado ou podia aceitá-la e ficar totalmente em paz com o que acontecesse. A escolha era óbvia. Após algumas semanas aplicando a regra dos cinco minutos, eu deixei de pensar que cinco minutos não eram tempo suficiente e me dei conta de que não era necessário me chatear por tanto tempo assim.

Olhando para trás, agora vejo que minha consciência se elevou no momento em que soube que a causa da dor emocional é a resistência à realidade e que todos nós temos o poder de abrir mão dessa resistência e substituí-la pela aceitação. Ao fazer isso, impedimos a agitação emocional de resistir à realidade e ficar preso no desejo de mudar o que está fora do nosso controle. Não importa se é algo que aconteceu há cinco minutos ou cinco décadas, não podemos mudar o passado. Só nos resta escolher: vamos permitir que isso nos aborreça ou aceitar e seguir em frente?

O objetivo da regra dos cinco minutos é dar a si mesmo o espaço para sentir suas emoções e chegar à aceitação. O objetivo final é parar de resistir à realidade e aceitar a vida como ela é. Você pode usar o mantra de "Não posso mudar isso" como lembrete de que, se não pode mudar algo, a escolha mais eficaz que lhe resta é se permitir ficar em paz com o que não pode mudar. Combinar essas duas ferramentas oferece um jeito poderoso de ter um espaço para vivenciar suas emoções sem remoer por um longo período de tempo o que você não pode mudar. Para ser claro, isso se aplica apenas ao que realmente não podemos mudar (como o passado, as outras pessoas ou os problemas globais que estão fora do nosso controle imediato). Como diz a Oração da Serenidade: "Concedei-me, Senhor, a serenidade necessária para aceitar as coisas que não posso modificar, coragem para modificar aquelas que posso e sabedoria para distinguir umas das outras."

Aceitar a vida como ela é não significa se resignar e desistir de melhorá--la. Muito pelo contrário. Quando estamos chateados com algo, nossa mente não está clara, portanto esse não é estado ideal para fazer escolhas eficazes. Por outro lado, quando estamos em paz, nossos pensamentos estão mais nítidos e podemos escolher nosso estado ideal de consciência *e* tomar, de cabeça fria, decisões que levam a comportamentos proativos. Quando você aceita a vida exatamente como ela é, está livre para concentrar sua energia em mudar o que está no seu controle. Quanto mais rápido você disser "Não posso mudar isso" e realmente se sentir assim, mais rápido você vai conquistar a liberdade interior.

A aceitação é a chave que destranca a porta para a liberdade interior, e estas quatro palavras, "Não posso mudar isso", são a chave para abrir as algemas emocionais que colocamos em nós mesmos ao criar e perpetuar a dor emocional porque resistimos à realidade. E não importa se você leva cinco minutos ou cinco meses para chegar ao ponto em que escolhe conscientemente dizê-las: o momento em que isso acontece significa que você parou de resistir à realidade e deu a si mesmo o presente de estar em paz com a vida exatamente como ela é.

Tenho ensinado a regra dos cinco minutos e o mantra "Não posso mudar isso" por mais de vinte anos e recebi fotos de dezenas de pessoas que os acharam tão impactantes que fizeram tatuagens com a frase, a fim de lembrarem que nunca mais teriam de vivenciar dores emocionais desnecessárias e nada saudáveis, porque agora entenderam que sempre têm o poder de *aceitar* a vida exatamente como ela é e se *permitir* a liberdade interior de estar em paz.

## Passo B: basear-se na gratidão em todos os momentos

Se eu perguntasse qual foi o melhor momento da sua vida, o que você responderia? Imagino que você levaria alguns instantes para buscar na memória uma ocasião ou conquista extraordinária, como o nascimento do seu primeiro filho, o dia do seu casamento, o momento em que conquistou um objetivo significativo ou em que viveu seu(sua) primeiro(a) _____ (insira aqui qualquer experiência única). Provavelmente seria um evento significativo, que, combinado com as emoções positivas sentidas durante ou

226  O MILAGRE DA MANHÃ

depois dele, levaria você a identificá-lo como "melhor" momento, um no qual você se sentiu profundamente grato pelo que estava vivenciando. Você pode até sentir um pouco de tristeza ao olhar para trás e pensar que o melhor momento da sua vida já aconteceu e você nunca mais terá essa experiência de novo.

Mas espere aí: e se o melhor momento da sua vida não depender de condições externas ou de um evento único? E se na verdade for algo que você tem a capacidade de *escolher* conscientemente em vez de ser algo que *acontece a* você? Será que os melhores momentos da nossa vida podem ser determinados pela profundidade da presença e pela gratidão que nos permitimos sentir durante eles e, portanto, *você* pode escolher literalmente *qualquer* momento como o melhor da sua vida?

Ontem eu brinquei com meu filho de 10 anos no quintal. Durante a brincadeira, tive uma sensação imensa de gratidão e pensei: *Esse é o melhor momento da minha vida*. E era mesmo. Hoje, enquanto fiz o Milagre da Manhã, eu escrevi os motivos pelos quais sinto gratidão, depois passei dez minutos meditando em um estado de gratidão genuína e pensei: *Este é o melhor momento da minha vida*. E era mesmo.

O melhor momento da sua vida não é uma competição entre vários momentos. Ele pode ser reproduzido e vivenciado com a frequência que você desejar. É apenas uma questão de estar inteiramente presente e profundamente grato por todos os momentos, não importa o que estiver vivenciando.

Se a aceitação é a chave que abre a porta para a liberdade interior, a gratidão é o caminho para a felicidade prolongada. Basta andar por ele todos os dias, o que significa passar tempo se concentrando nos motivos para sentir gratidão e programando isso em seu sistema nervoso, de preferência assim que acordar, pouco antes de dormir e quantas vezes mais você puder. Ao nos concentrar no que somos gratos, nos sentimos bem, alimentamos sentimentos de alegria e felicidade. Podemos até dizer que a quantidade de gratidão que você se permite sentir e vivenciar conscientemente determina como você se sente em relação à sua vida. Na prática, isso pode ser feito durante o momento de escrita, anotando os motivos para sentir gratidão, e durante o período de silêncio com propósito, usando a Meditação de Otimização Emocional para sentir profundamente e programar a gratidão para que ela passe a ser um dos seus estados padrão de consciência.

Pense em quanto tempo você passa reclamando em comparação com o tempo que você passa se sentindo grato. Sério, pare de ler por um instante e pense nessa proporção. Quanto do seu dia você passa sentindo gratidão profunda e sincera por todos os momentos, por cada respiração que lhe dá a vida, pelas pessoas que você ama, pela sua segurança, pelo teto sobre a sua cabeça, pela cama confortável na qual você dorme, pela comida que o enche de energia e permite que você sustente a vida? E quanto do seu dia você passa chateado ou reclamando de situações que você aprecia, de pessoas de quem você não gosta ou de coisas que você teme que aconteçam no futuro? Pense que a gratidão e a reclamação não podem coexistir; é preciso escolher qual delas serve para você a cada momento.

Ao usar a regra dos cinco minutos e o mantra "Não posso mudar isso" para aceitar a vida exatamente como ela é, você consegue fomentar um estado de liberdade interior, criando espaço para que possa escolher o próximo estado de consciência que melhor serve a você. A gratidão existe tanto como emoção quanto como estado de consciência que personificamos quando apreciamos *tudo*.

É possível ser genuinamente grato por (literalmente) *tudo*?

*Todos os momentos*, mesmo os dolorosos?

*Todas as experiências*, mesmo as difíceis?

*Todas as adversidades*, mesmo as injustas?

Em uma entrevista recente, Michael J. Fox disse como se tornou difícil e quase insuportável viver com a doença de Parkinson, que só piora. "Eu reconheço o quanto isso é difícil para as pessoas e reconheço o quanto é difícil para mim, mas tenho um determinado conjunto de habilidades que me permitem lidar com isso e percebo que, através da gratidão, o otimismo é sustentável. Se você puder encontrar algum motivo para ser

**228** O MILAGRE DA MANHÃ

grato, poderá encontrar algo para esperar ansiosamente, e assim você segue com a vida."

Em geral os momentos mais difíceis ou dolorosos da vida nos dão as maiores oportunidades de aprender, crescer e evoluir. Também se diz que, quando se olha para trás, as coisas ficam muito mais claras, e a maioria de nós teve a experiência de olhar para momentos difíceis da vida e se sentir grato pelas lições aprendidas ou pelo crescimento obtido. Então, tendo esse conhecimento, por que nos permitir sofrer no presente e adiar os benefícios que vamos ganhar com os desafios que enfrentamos? Por que não sentir gratidão por todos os momentos, enquanto os vivenciamos?

Embora a gratidão (com g minúsculo) seja um "sentimento" momentâneo que temos, geralmente devido a algum evento ou aspecto positivo da vida, ela passa a ser transformadora quando a Gratidão (com G maiúsculo) vira o nosso estado de consciência padrão, a lente pela qual escolhemos vivenciar cada momento da vida. Eu percebi o quanto essa diferença é crucial quando enfrentei outra crise inimaginável em minha vida.

Aos 37 anos, acordei no meio da noite com falta de ar. O pulmão esquerdo tinha se enchido de fluido, e meu coração e rins estavam em falência. Após várias visitas a diversos hospitais, muitas noites passadas no pronto-socorro, sete drenagens no pulmão e muita confusão dos médicos, eu finalmente cheguei ao MD Anderson Cancer Center, onde fui diagnosticado com um tipo raro e agressivo de câncer: leucemia linfoblástica aguda. Com uma taxa de sobrevivência de 20% a 30%, minha chance de viver mais do que algumas semanas era baixa. Eu tinha uma esposa, uma filha de 7 anos e um filho de 4 anos em casa, e ouvir que minha chance de morrer era de 70% a 80% foi devastador.

Eu pensei bem e voltei às lições de vida que havia aprendido e usado para superar adversidades anteriores. Então disse a Ursula que eu tinha decidido que existia 100% de chance de eu estar entre os 20% e 30% que vencem esse câncer e que eu manteria uma fé inabalável no resultado durante todas as etapas do caminho. Eu me comprometi a aceitar a vida exatamente como ela era e a fazer as pazes com isso, de modo a criar o espaço necessário para ser genuinamente grato e manter uma mentalidade positiva e proativa.

Ao mesmo tempo, eu me recusei a reclamar ou sentir pena de mim mesmo e tomei a decisão consciente de ser a pessoa *mais* grata que já se viu. Eu percebi que tinha a escolha de sentir gratidão genuína por todos os momentos, incluindo os difíceis e dolorosos. Existem imagens desse momento, em uma cena do documentário *The Miracle Morning Movie*, na qual você me vê chorando descontroladamente. Eu fiquei com uma dor excruciante por 11 dias consecutivos graças a um enfermeiro que injetou por engano quimioterapia em um nervo da minha coluna, o que me causou uma enxaqueca que não melhorava. Apesar de estar com essa dor insuportável, digo para a câmera: "A dificuldade desse momento não muda minha perspectiva geral de que sou grato por tudo isso, porque quanto mais difícil é a vida, maior a oportunidade que temos para aprender, crescer, nos tornar ainda melhores, e depois fazer a diferença para outras pessoas, usando o que aprendemos e a pessoa em quem nos transformamos." Quando escolhemos conscientemente a gratidão em meio à adversidade, essa adversidade perde seu poder sobre nós.

Após passar por um dos períodos mais difíceis da minha vida, suportando mais de 650 horas de uma quimioterapia igualmente tóxica e curativa, combinada com vários protocolos holísticos, eu sou grato por dizer que agora estou em remissão e em uma jornada para permanecer saudável e livre do câncer pelo resto da vida. No fim das contas, apesar dos obstáculos inacreditáveis, essa experiência foi a minha maior oportunidade de crescimento como pai, marido e ser humano. E, entre as diversas lições valiosas que me ensinou, uma se destaca: *A gratidão nos liberta do sofrimento.*

Embora se concentrar nos motivos de gratidão em qualquer momento alimente estados mentais e emocionais positivos, é quando estamos em dificuldades e quando a vida é dura que o estado de gratidão se torna ainda mais importante para o bem-estar mental e emocional. A gratidão é uma lente universal através da qual podemos interpretar e vivenciar *todos* os momentos da vida, incluindo os mais difíceis, desagradáveis e dolorosos.

## Passo C: escolher o seu estado de consciência

Embora os estados emocionais sejam fugazes, os estados de consciência são arraigados, contínuos e presentes, independentemente das nossas mudanças de emoção. Por exemplo, a paz (em geral chamada de *paz interior*) é um estado de consciência. Se você tiver elevado e condicionado sua consciência para viver em um estado de paz e um evento qualquer o perturbar ou aborrecer, o seu estado de consciência não muda. Você ainda pode viver emoções desafiadoras, como frustração, raiva ou tristeza, mas elas terão vida curta, pois você será capaz de voltar a um estado de paz rapidamente, mesmo em meio a tragédias, adversidades e incertezas.

Da mesma forma, se tiver condicionado a gratidão como um dos seus estados padrão de consciência, você vai naturalmente se sentir grato por tudo o que tem, mesmo quando estiver enfrentando momentos difíceis na vida. Por outro lado, se o estado de consciência que você está personificando é o medo, então você vai vivenciar qualquer evento perturbador em estado de medo, amplificando a agitação interior que esse evento causa. Nós naturalmente resistimos ao que nos dá medo. Lembre que a resistência à realidade é a fonte da nossa dor e instabilidade emocional.

Após mergulhar em sentimentos de gratidão, você está livre para escolher como deseja vivenciar o próximo momento. Você pode querer sentir amor, alegria, paz, jovialidade, confiança ou até tristeza, se precisar sentir luto ou raiva, ou perceber que precisa processar algo que o abala. A distinção fundamental é que você está *escolhendo* de modo consciente e deliberado o seu estado ideal, em vez de permitir que forças externas o determinem por você.

É óbvio que não dá para incorporar a Vida Milagrosa perfeitamente e logo de cara, mas o objetivo não é ser perfeito, e sim progredir. Assim como fazer exercícios em busca do seu estado físico ideal, pode levar meses de prática diária até chegar ao lugar onde você quer estar. Ao praticar o Milagre da Manhã todos os dias e incorporar o ABC da Vida Milagrosa à sua vida, você vai desenvolver a habilidade de escolher o seu estado ideal e passar todos os dias sentindo felicidade, gratidão ou qualquer outro estado que escolher. Eu acho útil pensar nisso como um jogo contínuo, no qual posso escolher meus "prêmios" (os estados elevados de consciência) e depois jogá-lo todos os dias para ficar cada vez mais perto desses prêmios.

Em alguns dias sinto que estou "ganhando" quando consigo personificar estados ideais de consciência e navegar pela adversidade com graça e facilidade. Por praticar essas ferramentas há muitos anos, consigo passar boa parte do dia em paz com tudo o que está fora do meu controle e genuinamente grato por todos os momentos, apesar dos desafios que podem aparecer.

Nos dias ou situações em que tenho dificuldade, quando volto aos níveis mais baixos de consciência e vivencio uma agitação mental e emocional, eu considero apenas que perdi uma partida do jogo e, no próximo dia, acordo e recomeço uma nova rodada do zero.

Pensando no ato de elevar a consciência como um jogo, é claro que você vai enfrentar dificuldade em alguns momentos, em especial quando ainda está aprendendo a jogar, mas não pode perder de vez. Mesmo se perder algumas partidas, você vai aprender, crescer continuamente e ficar cada vez melhor a cada rodada, desde que continue jogando.

Por meio da repetição diária você vai condicionar seus estados ideais de consciência para que eles virem seus estados padrão. O objetivo final é se condicionar a vivenciar estados profundos e abrangentes de paz interior, amor e gratidão, além de confiança, motivação e foco inabaláveis em cada momento da sua vida.

Eu recomendo que você use o Milagre da Manhã para praticar a Vida Milagrosa. Como praticante do Milagre da Manhã, você já tem o modelo (Salvadores de Vida) para elevar sua consciência de modo a estar em paz com a vida exatamente como ela é, ser genuinamente grato por todos os momentos em que estiver vivo e escolher conscientemente o seu estado ideal de consciência todos os dias. E, embora os Salvadores de Vida possam servir como práticas para integrar a Vida Milagrosa (como meditar

## O MILAGRE DA MANHÃ

enquanto estiver em um estado ideal de consciência ou escrever em seu diário o que deseja aceitar e com o que pretende ficar em paz), eu quero simplificar o processo para você se concentrar na prática que acredito ser mais eficaz: as *afirmações*.

Eu criei um conjunto relativamente pequeno (uma página impressa) de afirmações que encapsulam as principais lições deste capítulo, para que você as recite todos os dias e comece a viver a Vida Milagrosa. Você também pode baixar e imprimir as afirmações da Vida Milagrosa em MiracleMorning.com/Brazil.

---

## As afirmações da Vida Milagrosa

Eu estou comprometido a elevar e condicionar minha consciência a um estado de liberdade interior para escolher como vivenciar cada momento da minha vida. Eu fui abençoado com uma vida e mereço estar genuinamente em paz e ser feliz. Para isso, eu vou seguir o ABC da Vida Milagrosa.

### A: aceitar a vida exatamente como ela é

Agora que sei que a dor emocional (também conhecida como agitação interior) é criada por mim e perpetuada pela resistência à realidade, pelo foco no que está fora do meu controle e pelo desejo de que a realidade seja diferente, eu vou aceitar a vida exatamente como ela é e escolher ficar em paz com tudo o que está fora do meu controle. Embora eu nem sempre controle o que acontece na minha vida, sempre sou livre para escolher como vivencio cada momento dela.

Para me ajudar a superar a resistência e aceitar a vida exatamente como ela é, eu vou aplicar a regra dos cinco minutos (programar um alarme e me dar cinco minutos para sentir as emoções que surgirem naturalmente). Então, quando o alarme desligar, eu vou dizer: "Não posso mudar isso" para reconhecer e lembrar que, como eu não posso voltar no tempo e mudar o que aconteceu, a única escolha lógica é aceitar e ficar em paz com o que não posso mudar, a fim de vivenciar a liberdade interior. Lembre-se: *a aceitação é a chave que abre a porta para a liberdade interior.*

Por fim, eu vou me lembrar de que estar em paz com algo nem sempre significa estar feliz com aquilo. Mas, felizmente, a paz é um estado de consciência muito mais poderoso e sustentável do que qualquer emoção de curto prazo. A paz é emocionalmente neutra e, a partir desse estado, eu posso escolher ser feliz, grato ou qualquer outro estado que me sirva.

## B: basear-se na gratidão em todos os momentos

Depois que escolhi aceitar a realidade como ela é e me permiti vivenciar a paz que está sempre disponível no estado de liberdade interior, eu me comprometo a ir além da mera aceitação e escolher ser genuinamente grato por tudo.

Eu entendo que a gratidão é a lente através da qual eu escolho vivenciar e apreciar cada momento da vida, inclusive os difíceis. Mesmo quando estou enfrentando situações ruins, eu posso escolher ser grato pelas lições e pelo crescimento que virão ao enfrentar e superar o obstáculo com uma mentalidade positiva, que me permite ser uma versão melhor e mais capaz de mim.

Eu reconheço que cada instante existe em um estado de perfeição inerente e posso escolher como vivenciar isso. Eu percebo que minha vida *é* o momento presente, então me

## 234 O MILAGRE DA MANHÃ

permito sentir gratidão genuína e sincera por todos os momentos. Lembre-se: *a gratidão é o caminho para a felicidade.*

### C: escolher o seu estado de consciência

Embora as emoções sejam espontâneas e de vida curta, os estados de consciência são formas subjacentes de sentir a vida. Mergulhar em estados negativos como culpa, vergonha, medo ou raiva causa sofrimento desnecessário e faz com que eu perca a chance de vivenciar estados como amor, felicidade, paz, gratidão e alegria.

O estado padrão que eu escolho é a *liberdade interior*, porque ela me permite estar em paz com o que não posso mudar e, assim, posso escolher como vivencio cada momento da minha vida. Não importa o que aconteça, mesmo quando as circunstâncias são difíceis ou dolorosas, eu escolho estar em paz e ser grato, para poder apreciar esta vida com a qual fui abençoado. Esta é minha Vida Milagrosa.

Elevar a consciência não é um evento único. É um processo contínuo, obtido pelo condicionamento constante, do mesmo modo que aumentar a força física é conquistado pelo exercício consistente. Eu recomendo que você comece lendo essas afirmações todos os dias, pelo restante de sua jornada de trinta dias, depois continue pelo tempo necessário até condicionar sua consciência e até a liberdade interior ser seu estado padrão.

Embora seja possível ler ou recitar essas afirmações durante o Milagre da Manhã (para começar o dia em um estado ideal de consciência), também pode ser benéfico relê-las durante o Milagre da Noite, para se lembrar de que você tem a capacidade de aceitar a vida exatamente como ela é, ser grato por todos os momentos e escolher o seu estado de consciência enquanto se prepara para uma boa noite de sono.

Eu também gostaria de deixar você com os livros que achei mais úteis para continuar aprendendo a elevar a consciência. São alguns dos meus favoritos (que li inicialmente durante o Milagre da Manhã e cujos trechos sublinhados continuei relendo à noite, antes de dormir, para me ajudar a ter um sono tranquilo):

- *A alma indomável* e *A vida sem amarras*, de Michael Singer
- *Ame a realidade*, de Byron Katie
- *Paz é cada passo*, de Thich Nhat Hanh
- *The Inner Work* [A jornada interior], de Mathew Micheletti e Ashley Cottrell
- *Guia para águias que acreditam ser frangos*, de Anthony de Mello

## Considerações finais sobre a Vida Milagrosa

A Vida Milagrosa está disponível para todos nós, mas só é vivida pelos que estão dispostos a aceitar a vida exatamente como ela é, ser grato em todos os momentos e escolher conscientemente o estado ideal de consciência.

Eu sei por experiência própria o quanto as circunstâncias podem ser difíceis e dolorosas. Também sei que podemos escolher como interpretamos e vivenciamos cada momento. Podemos estar em paz e ser as pessoas mais felizes e gratas que já fomos, *enquanto* vivemos o momento mais difícil da vida. Se não nos permitimos vivenciar paz e gratidão agora, o que nos faz pensar que o futuro será diferente?

Não importa o que aconteça em sua vida, é possível escolher como vivenciar cada momento. É possível escolher estar em paz, sentir gratidão, ser feliz e apreciar cada momento desta vida com a qual você foi abençoado. Você pode escolher viver a Vida Milagrosa.

*Conclusão*

# Que hoje seja o dia de abdicar de quem você tem sido por quem você pode ser

*Todo dia, pense ao acordar: "Hoje sou afortunado por ter acordado. Estou vivo, tenho uma vida preciosa, não vou desperdiçá-la. Vou utilizar todas as minhas energias para me desenvolver, para expandir meu coração para os outros. Vou beneficiar os outros o máximo que conseguir."*

— DALAI LAMA

*As coisas não mudam. Nós mudamos.*

— HENRY DAVID THOREAU

Onde você está é resultado de quem você *era*, mas onde você termina depende inteiramente de quem você escolhe ser a partir deste momento.

É o seu tempo. Não adie por mais um dia a vida — felicidade, saúde, riqueza, sucesso e amor — que você de fato deseja e merece. Como meu mentor Kevin Bracy sempre repetiu: "Não espere para ser ótimo." Se você deseja que sua vida melhore, precisa melhorar a si mesmo primeiro. Mantenha o compromisso de completar sua jornada do Milagre da Manhã

## QUE HOJE SEJA O DIA DE ABDICAR DE QUEM VOCÊ TEM SIDO    237

em trinta dias e continue se transformando na pessoa que precisa ser para criar tudo o que deseja na sua vida e ajudar outras pessoas a fazer o mesmo.

## Juntos, estamos elevando a consciência da humanidade

Quando comecei a praticar o Milagre da Manhã, era um objetivo egoísta. Eu estava em dificuldades financeiras e precisava de uma solução. Não estava pensando em mais ninguém.

Contudo, ao longo dos anos e especialmente desde que virei pai, eu percebi que fazer o Milagre da Manhã é tanto uma questão de me permitir estar presente para os outros quanto de me permitir estar presente para mim mesmo.

Começar cada dia com os Salvadores de Vida me ajuda a ser um pai, marido e ser humano melhor. É algo que me permite ser mais paciente, carinhoso e decidido em tudo o que faço. Por exemplo, eu tenho afirmações para cada um dos meus relacionamentos mais importantes, incluindo as afirmações de "pai superincrível e divertido", que lembram o quanto eu me comprometo a estar presente para meus filhos. Também leio diariamente as afirmações de "marido dos sonhos da Ursula", que articulam e lembram o quanto eu me comprometo a estar presente para minha esposa. Tenho afirmações semelhantes para otimizar o quanto estou presente para todas as pessoas.

Então, à medida que você começa a sua jornada do Milagre da Manhã e integra os Salvadores de Vida à sua rotina, eu recomendo ter isso em mente. Incorpore a seus Milagres da Manhã quem você ama e lidera. Pense no impacto que virar a melhor versão de si terá nas outras pessoas. Em uma escala maior, pense no impacto de milhões de nós espalhados pelo mundo e fazendo o mesmo.

Lembre-se: a missão de *O milagre da manhã* é elevar a consciência da humanidade, uma manhã (e uma pessoa) por vez. E você é essa pessoa a

**238  O MILAGRE DA MANHÃ**

cada manhã. Ao elevar sua consciência e ficar mais atento e decidido sobre a forma como pensamentos, palavras e atos afetam você e os outros, você está literalmente elevando a consciência da humanidade.

Muito obrigado por se importar o suficiente consigo mesmo e com as demais pessoas para acordar todos os dias e dedicar tempo a atingir seu potencial.

Com amor e gratidão,
Hal

# Posfácio

Imagine a seguinte situação: mais um dia está chegando, a luz do sol já ilumina seu quarto, e o despertador começa a tocar. Agora me responda: o que você faz? Aperta o botão de soneca várias vezes? Permanece na cama, sem fazer nada, até que a vontade de se levantar surja? Checa o e-mail como se o expediente já tivesse iniciado?

Você pode acreditar que as suas primeiras ações na manhã não impactam o resto do dia, mas é meu dever informá-lo de que impactam, sim — e muito. Amigo, amiga, se você toma alguma das atitudes listadas acima ao iniciar o dia, está condenando suas próximas horas. Estas palavras podem soar fortes, mas são necessárias para fazer você entender a necessidade de mudar.

Muitas pessoas acreditam que acordar sem disposição, sentir-se triste e ansioso e se irritar com facilidade é normal. Pode ser comum, mas certamente não é normal, e gera consequências em todas as esferas da vida. Em *O milagre da manhã*, Hal Elrod nos presenteou com um método excepcional para revolucionar a maneira de começar um novo dia. Como você já viu, não são regras inflexíveis, mas seis passos simples e fáceis de encaixar no cotidiano a fim de elevar nossa consciência, uma manhã de cada vez.

## 240  O MILAGRE DA MANHÃ

A dor costuma ser nosso maior motivador para a transformação, seja uma ameaça de divórcio, seja o diagnóstico de uma doença, seja o desemprego. Os dois momentos em que Elrod se sentiu no fundo do poço — seu acidente de carro e seu endividamento durante a Grande Recessão — foram viradas de chave para ele, que enxergou a urgência de se reinventar e mudar a realidade de milhões de pessoas. Sua visão sobre a vida foi completamente renovada após o acidente. Depois de entrar em depressão por causa do endividamento, ele começou a praticar o Milagre da Manhã. Hoje, é um dos maiores palestrantes e coaches do mundo.

Você agora tem a chance de aprender com o exemplo dele, em vez de através da dor. Está nas suas mãos a oportunidade de realizar uma revolução completa no seu destino. Elrod é exemplo vivo de que amanhecer bem impacta sua performance pelo resto do dia e de que a consistência nessa prática estende os ganhos para o futuro. Deixe para trás uma vida mediana, repleta de insegurança e indisciplina, para abraçar seu propósito e alcançar seus objetivos.

Você aprendeu a exercitar a consciência a respeito de suas ações e seus pensamentos neste livro. Agora é hora de transformar sua realidade sem passar por dor e sofrimento. *O milagre da manhã* não é simplesmente um manual como qualquer outro, mas uma bússola — o ritual matinal de Elrod vai mostrar o caminho para sentir-se melhor consigo e com os outros, afinal, para mudar o entorno, primeiro você deve mudar a si mesmo.

Convido você a deixar para trás todas as desculpas — "Não gosto de acordar cedo", "Isso não é para mim", "Não tenho tempo para me comprometer com isso" — e sair da posição de vítima. Pare de se convencer de que você só será diferente quando a sua *situação* for diferente, pois o primeiro passo precisa ser seu. Assim como Hal Elrod, você pode escrever uma nova história, baseada num propósito forte e transformador.

POSFÁCIO 241

Amigo, amiga, prepare-se para se despir de sua versão atual, seja ela boa, mediana ou medíocre, e abrace a sua nova e extraordinária versão, junto com a vida que você merece.

*Paulo Vieira*
Ph.D. em Business Administration e mestre em Coaching pela Florida Christian University (FCU), criador da metodologia de coaching integral sistêmico e autor best-seller de sucessos como *O poder da ação* e *O poder da autorresponsabilidade*.

# Agradecimentos

Leia pelo menos os dois últimos parágrafos (eles são para *você*).

Esta pode ser a parte mais difícil de escrever um livro. Não porque me faltem pessoas para agradecer, muito pelo contrário. São tantas pessoas que tiveram um impacto tão significativo na minha vida e neste livro, que acho impossível agradecer a todos nas próximas páginas. Na verdade, eu provavelmente precisaria de um livro inteiro para isso. A continuação deste livro poderia se chamar *O milagre da manhã: agradecimentos*. Não sei se muitas pessoas o comprariam, mas eu definitivamente gostaria de escrevê-lo.

Primeiro, devo registrar minha profunda gratidão à mulher extraordinária que me carregou por nove meses e meio e me deu o *milagre da vida*: minha mãe, Julie Wilson. Amo muito você. Obrigado por sempre acreditar em mim e me disciplinar quando eu precisava (tudo bem, eu ainda preciso). Ah, e você *precisa* me visitar com mais frequência.

Ao meu pai, Mark Elrod. De todos os meus amigos, você é o *melhor* de todos, pai. Eu sou o homem que sou hoje por causa do pai que você tem sido a vida inteira. Você instilou em mim tantos valores e qualidades pelos quais sou ainda mais grato hoje, que sei que os transmitirei aos meus filhos. Amo você, pai.

À Hayley, a melhor irmã do mundo. Sem dúvida. Sem competição. Contudo, você não é só uma ótima irmã, é também uma das minhas melhores

## AGRADECIMENTOS 243

amigas. É autêntica, apoiadora, gentil e é *quase* tão engraçada quanto eu! Falando sério, sou muito grato por *você* ser minha irmã — eu não conseguiria imaginar outra melhor.

À minha irmã caçula e nosso anjo, Amery, que cuida de nós lá do céu. Sinto sua falta, mana. Obrigada por olhar por todos nós.

À minha esposa para a vida, Ursula. Eu ainda fico maravilhado com o quanto você é perfeita para mim e sou imensamente grato por criar e dividir a vida com você. E essas crianças lindas que a gente fez, hein? Obrigado por me abençoar com Sophia e Halsten. Com você no comando, eu sei que nossa família está destinada a uma vida de amor e felicidade.

À minha filha, Sophia (também conhecida como Sophinator). Eu te amo tanto! Você é tudo o que eu sonhava em uma filha, e sou imensamente grato pela alegria e felicidade que você traz para minha vida todos os dias. Você é gentil, brilhante, criativa e tão engraçada. Sou muito grato por ter recebido a benção de ser seu pai!

Ao meu filho, Halsten (também conhecido como Halstino), o ser humano mais gentil, carinhoso e generoso que já conheci. Desde os 2 anos de idade, quando começou a falar, você sempre pensou nas outras pessoas. Vivo dizendo que você parece já ter nascido com os valores que trabalhei uma vida inteira para aprender. Eu te amo muito, filho!

A minhas tias, meus tios, primos e avós, sou muito grato pela quantidade incomensurável de amor que vocês sempre me deram. Algumas das minhas maiores lembranças são do nosso convívio. Amo demais todos vocês!

Aos meus sogros e cunhados, Marek, Maryla, Steve, Linda, Adam e Ania. Sou grato por fazer parte dessa família.

À Tiffany Hammond, diretora de operações da empresa Miracle Morning e a melhor "irmã mais velha" para Sophia. Você é da família e um dos seres humanos mais gentis, leais, altruístas, resilientes e trabalhadores que já conheci. Quem poderia ter imaginado que um encontro por acaso no Yard House se transformaria em quase uma década de trabalho juntos? Obrigado por todas as contribuições que você fez na minha vida, na vida da minha família e na nossa missão coletiva do Milagre da Manhã. Você esteve presente como ninguém mais esteve. Eu te amo muito, Tiff!

## 244 O MILAGRE DA MANHÃ

À Brianna Greenspan, diretora de educação da empresa Miracle Morning, que está conosco desde o começo! Você é um anjo para mim, e não só foi a defensora e apoiadora mais dedicada do Milagre da Manhã desde o começo, como também é uma de minhas melhores amigas. De estar naquelas primeiras ligações "Criadoras do Movimento" do Milagre da Manhã em 2012 até me apoiar na jornada contra o câncer, ajudando minha família e me dando conselhos brilhantes quando eu precisava (e nós dois sabemos que eu preciso com muita frequência), você é uma das pessoas mais importantes da minha vida. Recentemente, você se dedicou a desenvolver o Milagre da Manhã nas escolas, afetando a vida de educadores e jovens de um jeito tão profundo, que eu só poderia sonhar. Não tenho palavras para descrever o quanto te amo e admiro, Bri!

Ao Josh Eidenberg, diretor de crescimento e chefe de desenvolvimento do aplicativo Miracle Morning Routine. Obrigado por dar tanto de si na missão e sempre pensar em jeitos de servir melhor à Comunidade *The Miracle Morning*. Obrigado pela criação do aplicativo, que está ajudando dezenas de milhares de pessoas a elevar a consciência todos os dias. Josh, você é tão brilhante e criativo quanto gentil e generoso, e eu me sinto extremamente grato e privilegiado por poder trabalhar ao seu lado para elevar a consciência humana.

À Stephanie Blackbird, otimizadora da experiência do cliente para a empresa Miracle Morning. Os anos de compromisso inabalável para apoiar e moderar a Comunidade *The Miracle Morning* foram extraordinários. Você é imensamente leal e sempre fez de tudo para servir. Muito obrigado. Eu te amo, Steph!

A Veronica Vielma e Zach Eichler. As suas contribuições para a missão do Milagre da Manhã foram valiosíssimas. Estamos afetando mais pessoas do que nunca graças aos seus esforços. Não tenho nem palavras para agradecer o quanto vocês estão presentes para nossa equipe e comunidade.

À Celeste Fine. Não sei se você é um anjo ou gênio, mas você opera milagres em minha vida. Em mais de uma ocasião, escrevi um objetivo ou um sonho tão grande que não fazia ideia de como chegar lá. Até que, de repente, você aparecia com os meios para tornar tudo realidade. E faz isso com muito amor, sempre pensando no melhor para mim. Eu te amo muito, Celeste! E me faltam palavras para agradecer todo o seu apoio.

Ao Scott Hoffman, obrigado por acreditar no Milagre da Manhã e em mim. Juntos vamos afetar positivamente muito mais vidas.

Ao Glenn Yeffeth, CEO da BenBella e editor deste livro. Trabalhar com você para atualizar o manuscrito está sendo um prazer, e esta obra acabou sendo muito melhor do que eu poderia ter imaginado, graças a você.

A Emily Klein, Elizabeth Pratt, Elaine Pofeldt e Julie Strauss, minha brilhante equipe de edição, obrigado por ajudar a comunicar minhas ideias de um jeito com que os leitores certamente vão se identificar. Este livro está muito mais claro devido às contribuições, aos talentos e às perspectivas inigualáveis de vocês.

À Honorée Corder, obrigado por me ajudar a criar a série de livros *O milagre da manhã*. Você foi crucial para levar os Salvadores de Vida às mais diversas pessoas. A sua dedicação a ajudar os outros é realmente extraordinária, mas a minha maior gratidão é pelo suporte que você me deu quando fui diagnosticado com câncer. Muito obrigado por seu amor, Honorée. Eu sou muito grato a você.

Ao Dino Marino. Desde que Honorée nos apresentou, você vem sendo extraordinariamente gentil e me deu muito apoio usando seus talentos em design gráfico para fazer os livros de *O milagre da manhã* terem um visual atraente, de modo que mais pessoas pudessem vivenciar os benefícios das obras. As suas contribuições foram imensuráveis e valiosíssimas.

Aos meus melhores amigos — meu *círculo de influências*. Qualquer cara seria sortudo por ter só um de vocês na vida; e de alguma maneira acabei tendo TODOS! Compartilhamos MUITOS momentos ótimos, mas, além disso, o jeito de vocês faz com que eu me esforce para ser melhor. Se for verdade que somos a média das cinco pessoas com quem passamos mais tempo juntos, não tenho com o que me preocupar! Pela amizade de uma vida inteira, amo vocês: Katen, Matt Recore, Jon Vroman, Jon Berghoff, Jesse Levine, Brad Weimert, Jeremy "Brotha James" Reisig, John Ruhlin,

Justin Donald, David Osborn e Mike McCarthy. Aos muitos amigos que posso não ter citado aqui, saibam que não é porque não os amo. Eu amo, apenas tive um lapso enquanto estava escrevendo este parágrafo.

À minha família da Cutco e da Vector, nem tenho como agradecer as contribuições incríveis de vocês na minha vida. Boa parte do que sou hoje e do que escrevi neste livro não seria possível sem a oportunidade que vocês me ofereceram.

À minha amiga brilhante e criadora do BookMama.com, Linda Sivertsen, você é talentosa e tem um dom incrível para transformar o livro de qualquer autor em uma obra-prima e best-seller. Obrigado por contribuir com seus dons para este livro.

Ao Kevin Bracy, eu estava assistindo ao seu seminário alguns dias antes do meu primeiro Milagre da Manhã, e suas palavras foram o catalisador para que eu superasse a crença limitadora de que *não* era uma pessoa matinal. Quando eu estava prestes a desistir, suas palavras de sabedoria atuaram como lembrete: "Se você quer que sua vida seja diferente, precisa estar disposto a fazer algo diferente." Eu nunca teria tentado acordar às 5 da manhã, que dirá escrever este livro, se não fosse por você.

Ao James Malinchak. Quando falei sobre *O milagre da manhã* pela primeira vez, você ficou genuinamente empolgado e expandiu minha visão sobre o que era possível: "Hal, não imagino que você sequer veja como isso será grande, e quantas pessoas impactará!" Você me inspirou, bem como a dezenas de milhares de autores, palestrantes e coaches, a acreditar em nossa mensagem, vê-la crescer e afetar mais pessoas. Você fez isso por mim, e não sou capaz de agradecer o suficiente!

A J. Brad Britton. Você me ensinou uma das lições mais valiosas, segundo a qual continuo a viver minha vida e que compartilho com qualquer um que queira ouvir: *faça a coisa certa, e não a coisa fácil.* Você não apenas ensina isso, você vive. Obrigado por sempre trazer à tona o melhor nos outros, como você fez comigo.

A todos que apoiaram o primeiro lançamento deste livro, em 2012, a abnegação e o comprometimento em transmitir os benefícios que recebe-

ram de *O milagre da manhã* me deixaram sem palavras. Primeiro, preciso agradecer à equipe de lançamento: que prazer foi trabalhar com vocês na criação deste livro. Sempre serei grato a todos. Faço agradecimentos especiais a Kyle Smith, Isaac Stegman, Geri Azinger, Marc Ensign, Colleen Elliot Linder, Dashama, Mark Hartley, Dave Powders, Jon Berghoff, Jon Vroman, Jeremy Katen, Ryan Whiten, Brianna Greenspan, Robert Gonzalez, Carey Smolenski, Ryan Casey, Peter Voogd e Greg Strine.

Por fim, a você, leitor, e aos integrantes de nossa grande família humana. Eu acredito que todos nós temos infinitamente mais coisas em comum do que as diferenças que tanta gente percebe e às quais se apega. Como parte da minha família, eu amo e valorizo você mais do que você imagina.

Muito bem, agora é hora de parar de ler e começar a criar. Nunca se acomode. Crie a vida que você merece viver e ajude outras pessoas a fazer o mesmo.

# Referências

## Capítulo 1

Rauh, Sherry. "Is Fat the New Normal?". *WebMD*, 26 jan. 2010. Disponível em: www.webmd.com/diet/obesity/features/is-fat-the-new-normal#1.

El Issa, Erin. "2017 American Household Credit Card Debt Study". *NerdWallet*, 8 dez. 2017. Disponível em: https://www.nerdwallet.com/article/credit-cards/household--debt-study-2017.

"Survey Finds Nearly Three-Quarters (72%) of Americans Feel Lonely". *PR Newswire*, 11 out. 2016. Disponível em: www.prnewswire.com/news-releases/survey-finds--nearly-three-quarters-72-of-americans-feel-lonely-300342742.html.

"State of the Global Workplace". *Gallup*, 2017. Disponível em: https://www.gallup.com/home.aspx.

"In a Year of Alt Facts and Mean Tweets, America's National Smile Widens". *Harris Poll*. Disponível em: theharrispoll.com.

Lubin, Gus e Gillett, Rachel. "21 Successful People Who Wake Up Incredibly Early". *Business Insider*, 27 abr. 2016. Disponível em: https://www.businessinsider.com/successful-people-who-wake-up-really-early-2016-4.

Smith, Michael. "APSS: Early Risers Tend to Score Higher Grades". *MedPage Today*, 10 jun. 2008. Disponível em: https://www.massagemag.com/apss-early-risers-tend--to-score-higher-grades-1064/.

Randler, Christopher. "Proactive People Are Morning People". *Journal of Applied Social Psychology*, v. 39, n. 12, p. 2.787-2.797, dez. 2009. Disponível em: https://onlinelibrary.wiley.com/doi/abs/10.1111/j.1559-1816.2009.00549.x.

Collins, Nick. "Early Risers Get Ahead of the Game". *The Telegraph*, 15 set. 2011. Disponível em: www.telegraph.co.uk/news/health/news/8763618/Early-risers-get--ahead-of-the-game.html.

Whiteman, Honor. "Poor Sleep Habits Increase Weight Gain for Adults with Genetic Obesity Risk". *Medical News Today*, 3 mar. 2017. Disponível em: www.medical-newstoday.com/articles/316186.php.

## Capítulo 2

American Cancer Society. *Cancer Facts & Figures 2017*. Atlanta: American Cancer Society, 2017. Disponível em: www.cancer.org/content/dam/cancer-org/research/cancer-facts-and-statistics/annual-cancer-facts-and-figures/2017/cancer-facts--and-figures-2017.pdf.

McCarthy, Niall. "Americans Are Tired Most of the Week". *Statista*, 8 jun. 2015. Disponível em: www.statista.com/chart/3534/americans-are-tired-most-of-the-week.

Carr, Teresa. "Too Many Meds? America's Love Affair with Prescription Medication". *Consumer Reports*, 3 ago. 2017. Disponível em: www.consumerreports.org/prescription--drugs/too-many-meds-americas-love-affair-with-prescription-medication/#nation.

Jacoby, Sarah. "Here's What the Divorce Rate Actually Means". *Refinery29*, 2 fev. 2017. Disponível em: www.refinery29.com/2017/01/137440/divorce-rate-in-america-statistics.

LaMagna, Maria. "Americans Now Have the Highest Credit Card Debt in U.S. History". *MarketWatch*, 8 ago. 2017. Disponível em: https://www.marketwatch.com/story/us-households-will-soon-have-as-much-debt-as-they-had-in-2008-2017-04-03.

"Report: How Satisfied Are U.S. Workers with Their Salaries?". *Indeed*, 25 jan. 2018. Disponível em: https://www.indeed.com/lead/salary-report.

"Median Age of the Resident Population of the United States from 1960 to 2016". *Statista*, dez. 2022. Disponível em: www.statista.com/statistics/241494/median--age-of-the-us-population.

## Capítulo 3

Poushter, Jacob. "Worldwide, People Divided on Whether Life Today Is Better Than in the Past". *Pew Research Center*, 5 dez. 2017. Disponível em: www.pewglobal.org/2017/12/05/worldwide-people-divided-on-whether-life-today-is-better-than-in-the-past.

Elkins, Kathleen. "Here's How Much the Average American Family Has Saved for Retirement". *CNBC Make It*, 12 set. 2016. Disponível em: www.cnbc.com/2016/09/12/heres-how-much-the-average-american-family-has-saved-for-retirement.html.

Mitchell, Nia *et al*. "Obesity: Overview of an Epidemic". *Psychiatric Clinics of North America*, v. 34, n. 4, p. 717-732, dez. 2011. Disponível em: www.ncbi.nlm.nih.gov/pmc/articles/PMC3228640.

**250   O MILAGRE DA MANHÃ**

American Cancer Society. *Cancer Facts & Figures 2017*. Atlanta: American Cancer Society, 2017. Disponível em: www.cancer.org/content/dam/cancer-org/research/cancer-facts-and-statistics/annual-cancer-facts-and-figures/2017/cancer-facts--and-figures-2017.pdf.

Kantor, Elizabeth D. *et al.* "Trends in Prescription Drug Use among Adults in the United States from 1999-2012". *JAMA*, v. 314, n. 17, p. 1.818-1.831, nov. 2015. Disponível em: pubmed.ncbi.nlm.nih.gov/26529160.

Abrams, Abigail. "Divorce Rate in U.S. Drops to Nearly 20-Year Low". *Time*, 5 dez. 2016. Disponível em: time.com/4575495/divorce-rate-nearly-40-year-low.

## Capítulo 4

Bucklan, Erinn. "Is the Snooze Button Bad for You?". *CNN*, 7 fev. 2014. Disponível em: edition.cnn.com/2014/02/06/health/upwave-snooze-button.

Léger, Damien *et al.* "The Risks of Sleeping 'Too Much': Survey of a National Representative Sample of 24671 Adults (INPES Health Barometer)". *PLOS ONE*, v. 9, n. 9, set. 2014. Disponível em: journals.plos.org/plosone/article?id=10.1371/journal.pone.0106950.

DiGiulio, Sarah. "How What You Eat Affects Sleep". *NBC News*, 19 out. 2017. Disponível em: www.nbcnews.com/better/health/how-what-you-eat-affects-how-you-sleep-ncna805256.

Wheaton, A. G. *et al.* "Effect of Short Sleep Duration on Daily Activities — United States, 2005-2008". *Morbidity and Mortality Weekly Report*, v. 60, n. 8, p. 239-242, mar. 2011. Disponível em: www.cdc.gov/mmwr/preview/mmwrhtml/mm6008a3.htm.

## Capítulo 5

Marshall, Mallika. "The Big Benefits of Plain Water". *Harvard Health Blog*, 26 maio 2016. Disponível em: www.health.harvard.edu/blog/big-benefits-plain-water-201605269675.

Achten, J. e Jeukendrup, A. E. "Optimizing Fat Oxidation Through Exercise and Diet". *Nutrition*, v. 20, n. 7-8, p. 716-727, jul./ago. 2004. Disponível em: www.ncbi.nlm.nih.gov/pubmed/15212756.

## Capítulo 6

Oppong, Thomas. "The Creative Brain on Silence (How Solitude Inspires Creativity)". *Thrive Global*, 8 mar. 2018. Disponível em: https://community.thriveglobal.com/the-creative-brain-on-silence-how-solitude-inspires-creativity/.

REFERÊNCIAS 251

American Meditation Society. "Benefits". Disponível em: americanmeditationsociety. org/meditation/benefits.

"Transcendental Meditation: Oprah and Other Celebs Who Embrace the Practice". *The Huffington Post*, 26 mar. 2012. Disponível em: www.huffingtonpost.com/2012/03/26/ transcendental-meditation-oprah-winfrey_n_1379001.html.

Creswell, J. David *et al.* "Self-Affirmation Improves Problem-Solving under Stress". *PLOS ONE*, 1º maio 2013. Disponível em: journals.plos.org/plosone/article?id=10.1371/ journal.pone.0062593.

Lindsay, Emily K. e Creswell, J. David. "Helping the Self Help Others: Self-Affirmation Increases Self-Compassion and Pro-Social Behaviors". *Frontiers in Psychology*, v. 5, n. 421, 2014. Disponível em: www.ncbi.nlm.nih.gov/pmc/articles/PMC4026714.

Ranganathan, V. K. *et al.* "From Mental Power to Muscle Power: Gaining Strength by Using the Mind". *Neuropsychologia*, v. 42, n. 7, p. 944-956, 2004. Disponível em: www.ncbi.nlm.nih.gov/pubmed/14998709.

Reynolds, Gretchen. "Yoga May Be Good for the Brain". *The New York Times*. 1º jun. 2016. Disponível em: well.blogs.nytimes.com/2016/06/01/yoga-may-be-good-for- -the-brain.

Ketler, Alanna. "Scientific Studies Show How Writing in a Journal Can Actually Be- nefit Your Emotional and Physical Well-Being". *Collective Evolution*, 23 jan. 2017. Disponível em: www.collective-evolution.com.

## Capítulo 8

Chance, Zoe; Gorlin, Margarita; e Dhar, Ravi. "Why Choosing Healthy Foods Is Hard, and How to Help: Presenting the 4Ps Framework for Behavior Change". *Customer Needs and Solutions*, v. 1, p. 253-262, 2014. Disponível em: link.springer.com/ article/10.1007/s40547-014-0025-9.

"The Best Diet: Quality Counts". *The Nutrition Source*, c2023. Disponível em: www. hsph.harvard.edu/nutritionsource/healthy-weight/best-diet-quality-counts.

## Capítulo 9

"How Long Does It Take for Something to Become a Habit?". *Examined Existence*, 11 fev. 2014. Disponível em: examinedexistence.com/how-long-does-it-take-for- -something-to-become-a-habit.

**Outros livros de Hal Elrod**

*O milagre da manhã*
*O milagre da manhã: diário*
*O milagre da manhã para transformar seu relacionamento*
*O milagre da manhã para se tornar um milionário*
*A equação do milagre*
*O milagre da manhã: edição especial incluindo O milagre da manhã: diário*
*O milagre da manhã para empreendedores*
*O milagre da manhã para famílias*

---

Este livro foi composto na tipografia Minion Pro,
em corpo 11/16, e impresso em papel offwhite,
no Sistema Cameron da Divisão Gráfica
da Distribuidora Record.

---